Das No-Code-Startup: Erstellen und validieren Sie schnell Startup-Ideen

Geschrieben von Daniel Carr
Herausgegeben vom Cornell-David Publishing House

Index

13

1. Einführung: Die Macht von No-Code-MVPs

1.1 Die No-Code-Revolution für eine schnelle MVP-Entwicklung nutzen

Die Welt des Unternehmertums hat sich in den letzten Jahren dramatisch weiterentwickelt. Das digitale Zeitalter bietet uns eine breite Palette an Tools und Ressourcen, mit denen wir unsere Ideen schneller und effizienter als je zuvor in die Tat umsetzen können. Betreten Sie das Reich der No-Code-Tools – einer neuen Welle von Softwareanwendungen, die es technisch nicht versierten Personen wie Unternehmern und Designern ermöglicht, ihre Startup-Ideen in die Tat umzusetzen, ohne sich auf die traditionelle Softwareentwicklung verlassen zu müssen.

Aber was genau macht No-Code-MVPs (Minimum Viable Products) so leistungsstark und wie können sie den angehenden Unternehmern von heute dabei helfen, ihre Ideen schnell zu validieren und sich in Richtung Produktmarkttauglichkeit zu bewegen? In diesem Abschnitt untersuchen wir die Vorteile von No-Code-Plattformen, die Grundprinzipien von MVPs und wie die Kombination beider Ihre Startup-Idee auf die nächste Stufe heben kann.

1.1.1 Abbau der Eintrittsbarrieren

Eine der größten Hürden, mit denen wachsende Startups oft konfrontiert sind, ist der Druck, ein technisches Team, bestehend aus Entwicklern und Ingenieuren, einzustellen, um ihre digitalen Produktideen zum Leben zu erwecken. Es ist nicht nur oft kostspielig, erfahrene Entwickler einzustellen, auch der Prozess der Rekrutierung, Überprüfung und Einbindung von Entwicklungstalenten kann sowohl zeitaufwändig als auch ressourcenintensiv sein.

Im Gegensatz dazu bieten No-Code-Plattformen Unternehmern die Möglichkeit, funktionale MVPs durch einfaches Ziehen und Ablegen von Formularen, Designelementen und anderen vorgefertigten Komponenten zu erstellen, ohne eine einzige Codezeile schreiben zu müssen. Indem sie die Komplexität der traditionellen Softwareentwicklung beseitigen, machen No-Code-Tools die Produktentwicklung für jeden mit einer Vision und Unternehmergeist möglich.

1.1.2 Betonung von Geschwindigkeit und Flexibilität

Der Erfolg eines Startups hängt oft von der Fähigkeit ab, schnell zu iterieren, aus dem Feedback der Benutzer zu lernen und als Reaktion auf sich ändernde Marktbedingungen zu reagieren. Traditionell konnte dieser Prozess Monate, wenn nicht Jahre dauern, da Entwicklerteams jede neue Funktion oder Verbesserung manuell codierten. Mit einem No-Code-MVP können Sie jedoch den Entwicklungsprozess rationalisieren und Geschwindigkeit und Flexibilität in den Vordergrund stellen.

Durch die Nutzung der Leistungsfähigkeit von No-Code-Tools können Sie schnell einen funktionierenden Prototyp Ihres digitalen Produkts erstellen, Benutzerfeedback einholen und entsprechende Änderungen oder Ergänzungen vornehmen. Dieser Ansatz ermöglicht es Ihnen, agil zu bleiben und auf sich ändernde Marktbedingungen oder technologische Fortschritte zu reagieren, sodass Ihr Startup immer einen Schritt voraus bleibt.

1.1.3 Raum für Experimente schaffen

In der Welt der Startups sind Ideen wie Samen, die manchmal zu erfolgreichen Unternehmungen heranwachsen, manchmal verkümmern. Mit der No-Code-Bewegung können Unternehmer abenteuerlustiger experimentieren, mehrere potenzielle MVPs gleichzeitig erkunden oder ihre Ideen schnell umsetzen, während sie Benutzerfeedback sammeln und die sich entwickelnde Landschaft besser verstehen.

Der mit der Entwicklung von No-Code-MVPs verbundene geringere Zeit- und Kostenaufwand bedeutet, dass Sie es sich leisten können, mehr Risiken einzugehen und möglicherweise einen echten Game-Changer zu entdecken, der in einer traditionelleren Entwicklungsumgebung unerforscht geblieben wäre.

1.1.4 Demokratisierung von Innovation

Die No-Code-Revolution schafft gleiche Wettbewerbsbedingungen für aufstrebende Unternehmer und Innovatoren und bietet ein integrativeres Umfeld für alle, die eine großartige Idee haben, um sich einen Namen zu machen. Bisher waren angehende Unternehmer, denen es an technischen Fähigkeiten mangelte, bei der Markteinführung ihrer digitalen Produkte erheblich im Nachteil. Mit dem Aufkommen von No-Code-Tools können diese Personen nun jedoch ihre Träume verwirklichen, ohne dass Programmierkenntnisse erforderlich sind.

Diese Demokratisierung der Innovation führt zu einer vielfältigeren Palette digitaler Produkte, die unterschiedliche Märkte bedienen und letztendlich sowohl Start-up-Unternehmen als auch Verbrauchern zugute kommen.

1.1.5 Erlernen der Prinzipien der No-Code-MVP-Entwicklung

Während Sie diese No-Code-MVP-Reise fortsetzen, werden Sie die grundlegenden Prinzipien und Strategien entdecken, um diese leistungsstarken Tools und Plattformen optimal zu nutzen. Anhand von Beispielen aus der Praxis und Fallstudien veranschaulichen wir, wie mit No-Code-Tools robuste MVPs erstellt werden können, die die Aufmerksamkeit von Kunden und Investoren gleichermaßen erregen. Sie erfahren, wie Sie Kernfunktionen identifizieren, Benutzererfahrungen validieren und Ihr MVP für den Erfolg optimieren.

Letztendlich wird Ihnen die Kombination aus leistungsstarken No-Code-Tools und einem soliden Verständnis des MVP-Entwicklungsprozesses die Fähigkeiten vermitteln, die Sie benötigen, um Ihre Startup-Ideen in die digitale Welt zu bringen und letztendlich den Verlauf Ihrer unternehmerischen Reise zu verändern.

1.1 Die No-Code-Bewegung annehmen

In der schnelllebigen digitalen Welt von heute sind Unternehmer und Innovatoren ständig auf der Suche nach Möglichkeiten, ihre Ideen schnell zu entwickeln, zu testen und zu iterieren. Der traditionelle Ansatz, viel Zeit und Ressourcen in die Entwicklung maßgeschneiderter Softwarelösungen von Grund auf zu investieren, ist nicht nur zeitaufwändig und teuer, sondern birgt auch ein hohes Risiko des Scheiterns aufgrund unvorhergesehener Herausforderungen und Annahmen.

Betreten Sie die „No-Code-Bewegung" – einen bahnbrechenden neuen Ansatz zur schnellen Erstellung und Validierung von Minimum Viable Products (MVPs) mit wenig bis gar keinen Programmierkenntnissen. Diese Bewegung wird durch den Aufstieg leistungsstarker No-Code-Plattformen und -Tools vorangetrieben, die es technisch nicht versierten Benutzern ermöglichen, mithilfe visueller Schnittstellen und vorgefertigter Komponenten voll funktionsfähige Web- und Mobilanwendungen zu erstellen.

In diesem Abschnitt untersuchen wir die wichtigsten Vorteile von No-Code-MVPs und wie sie Start-ups und Innovatoren in die Lage versetzen, ihre Ideen zum Leben zu erwecken, ohne dass umfangreiche technische Fähigkeiten oder Ressourcen erforderlich sind. Wir gehen auch auf die verschiedenen verfügbaren No-Code-Tools und -Plattformen ein und geben Hinweise, wie Sie die für Ihre spezifischen Anforderungen am besten geeignete Option auswählen.

1.1.1 Schnellere Time-to-Market

Einer der überzeugendsten Gründe für den Einsatz von No-Code-MVPs ist ihr Potenzial, die Zeit bis zur Markteinführung eines Produkts drastisch zu verkürzen. Durch die Nutzung vorgefertigter Komponenten und visueller Entwicklungsumgebungen können Sie funktionale Anwendungen schnell innerhalb von Wochen oder sogar Tagen erstellen und bereitstellen, im Gegensatz zu Monaten oder Jahren, die bei einer benutzerdefinierten Entwicklung erforderlich wären.

Diese kürzere Markteinführungszeit bedeutet, dass Sie Ihre Ideen schnell in die Hände der Benutzer bringen, wertvolles Feedback sammeln und als Reaktion auf reale Benutzererkenntnisse schnell iterieren können. Diese Agilität ist für Start-ups von entscheidender Bedeutung, die sich in wettbewerbsintensiven Märkten etablieren möchten, in denen jede Sekunde zählt und es über Erfolg oder Misserfolg Ihres Geschäfts entscheiden kann, wenn Sie als Erster eine innovative Lösung auf den Markt bringen.

1.1.2 Geringere Kosten und Ressourcenanforderungen

Die Kosten für die Entwicklung individueller Software können enorm sein, insbesondere für Start-ups und kleine Unternehmen mit begrenzten Budgets. Da es nicht mehr notwendig ist, teure Entwickler einzustellen oder in spezielle technische Fähigkeiten zu investieren, reduzieren No-Code-MVPs die Vorabkosten und den Ressourcenbedarf erheblich.

No-Code-Plattformen bieten erschwingliche Abonnementpläne oder Pay-as-you-go-Preismodelle, sodass Unternehmen jeder Größe auf leistungsstarke Entwicklungstools zugreifen können, ohne ihr Budget zu sprengen. Darüber hinaus erleichtert die reduzierte Codierungskomplexität die Wartung und Aktualisierung Ihres MVP, was die langfristigen Kosten weiter senkt und gleichzeitig sicherstellt, dass Ihr Produkt immer auf dem neuesten Stand bleibt.

1.1.3 Demokratisierung von Innovation

Einer der transformativsten Aspekte der No-Code-Bewegung ist die Demokratisierung der App-Entwicklung, die es Menschen mit unterschiedlichem Hintergrund und unterschiedlichem technischem Fachwissen ermöglicht, ihre eigenen Produkte zu entwickeln und auf den Markt zu bringen. Durch die Beseitigung der technischen Eintrittsbarrieren ermöglichen No-Code-MVPs einer größeren Gruppe von Innovatoren, ihre Ideen zu experimentieren, zu validieren und zu iterieren, wodurch mehr Möglichkeiten für bahnbrechende Lösungen entstehen.

Diese neu gewonnene kreative Freiheit fördert eine integrativere und vielfältigere Innovationslandschaft, in der die besten Ideen unabhängig von den technischen Fähigkeiten des Schöpfers an die Spitze gelangen können. Die No-Code-Bewegung birgt daher ein enormes Potenzial, ungenutzte Talente freizusetzen und bedeutende Veränderungen in verschiedenen Branchen voranzutreiben.

1.1.4 Experimentieren und Iteration

Mit der Möglichkeit, MVPs ohne Code schnell bereitzustellen und zu testen, können Unternehmer jetzt eine Lean-Startup-Methodik übernehmen und eine Kultur des Experimentierens einführen. No-Code-Plattformen erleichtern die Iteration Ihres MVP als Reaktion auf Benutzerfeedback oder Marktveränderungen und fördern so einen stärker datengesteuerten und anpassungsfähigen Ansatz für die Produktentwicklung.

Diese erhöhte Flexibilität ermöglicht es Startups, ihr zentrales Wertversprechen zu verfeinern, die Benutzererfahrung zu optimieren und letztendlich die Produktmarktanpassung zu verbessern, während gleichzeitig das Risiko und die Kosten minimiert werden, die traditionell mit der Umstellung oder der Durchführung bedeutender Produktaktualisierungen verbunden sind.

1.1.5 Auswahl der richtigen No-Code-Plattform

Da die No-Code-Bewegung an Dynamik gewinnt, wird der Markt mit Optionen überfüllt, sodass es für Startups unerlässlich ist, die richtige Plattform für ihre Bedürfnisse sorgfältig zu prüfen und auszuwählen. Zu den beliebten No-Code-Plattformen gehören unter anderem Bubble, Webflow, Adalo, Appgyver und Glide.

Berücksichtigen Sie beim Vergleich von Plattformen Faktoren wie:

- Plattformfunktionen: Unterstützt die Plattform die für Ihr MVP erforderliche Funktionalität und Komplexität?
- Integrationsoptionen: Stellen Sie sicher, dass die Plattform eine Verbindung mit den Drittanbieterdiensten und APIs herstellen kann, die Sie verwenden möchten.
- Preise und Skalierbarkeit: Suchen Sie nach erschwinglichen Preisplänen und der Möglichkeit, Ihre App an das Wachstum Ihres Unternehmens anzupassen.
- Community und Support: Suchen Sie nach Plattformen mit aktiven Communities und robusten Support-Ressourcen, die Ihnen bei der Behebung von Problemen und beim Erlernen von Best Practices helfen können.

Zusammenfassend lässt sich sagen, dass die No-Code-Bewegung das Potenzial hat, die Art und Weise, wie Startups und Innovatoren ihre Ideen entwickeln und validieren, grundlegend zu verändern. Durch den Einsatz von No-Code-MVPs können Unternehmen die Markteinführung beschleunigen, Kosten senken, Innovationen demokratisieren und eine Kultur des Experimentierens und der Iteration fördern. Nutzen Sie auf Ihrer Reise mit No-Code-MVPs die Erkenntnisse und Anleitungen in diesem Buch, um fundierte Entscheidungen zu treffen und sich auf den Erfolg vorzubereiten.

1.1 Das Zeitalter von No-Code: Eine neue Art der Entwicklung von MVPs

Wenn es darum geht, ein erfolgreiches Startup zu gründen, ist Zeit von entscheidender Bedeutung. Jeden Tag entstehen Dutzende neuer Ideen und es besteht immer die Gefahr, dass jemand bereits an demselben Konzept arbeitet. Darüber hinaus sind Investoren und Kunden immer daran interessiert, etwas Greifbares zu sehen, das sie bewerten, testen und nutzen können, um zu entscheiden, ob das Startup ihre Zeit und Ressourcen wert ist. Dies bringt uns zum MVP oder dem Minimum Viable Product.

Traditionell umfasste der Aufbau eines MVP die Einstellung von Entwicklern, das Schreiben von Codes, das Entwerfen einer Benutzeroberfläche und manchmal sogar noch mehr. Dies nimmt nicht nur viel Zeit in Anspruch, sondern erfordert auch ein hohes Budget. Was aber, wenn es eine Möglichkeit gibt, diese zeitaufwändigen und kostspieligen Prozesse zu umgehen? Betreten Sie die Welt der No-Code-MVPs.

No-Code-Tools erfreuen sich zunehmender Beliebtheit als schnellere, effizientere und kostengünstigere Alternative zu herkömmlichen Anwendungsentwicklungsmethoden. Diese Tools ermöglichen es Gründern und sogar technisch nicht versierten Unternehmern, den Prozess der Erstellung eines

MVP zu rationalisieren, sodass sie ihre Ideen validieren und sie so schnell wie möglich mit der Welt teilen können.

1.1.1 No-Code MVP: Was genau ist das?

Vereinfacht ausgedrückt handelt es sich bei einem No-Code Minimum Viable Product (MVP) um eine Iteration eines Produkts oder einer Lösung im Frühstadium, die mithilfe von No-Code-Tools und -Plattformen erstellt wird. No-Code-MVPs ermöglichen es Gründern, Anwendungen zu erstellen, ohne eine einzige Codezeile schreiben zu müssen. Stattdessen bieten diese Plattformen Drag-and-Drop-Funktionen, visuelle App-Builder-Editoren und vorgefertigte Vorlagen, die Gründern helfen, ihre Produkte innerhalb von Stunden oder Tagen zu erstellen und anzupassen.

1.1.2 Die Vorteile: Warum No-Code?

1. **Geschwindigkeit** : No-Code-Tools und -Plattformen verleihen dem MVP-Entwicklungsprozess ein beispielloses Maß an Geschwindigkeit. Unternehmer können ihre Ideen validieren und in einem Bruchteil der Zeit, die mit herkömmlichen Entwicklungsmethoden erforderlich wäre, auf den Markt bringen.
2. **Reduzierte Kosten** : Durch die No-Code-Technologie entfällt die Notwendigkeit einer kostspieligen Softwareentwicklung und Infrastruktur, sodass Gründer erhebliche Kosteneinsparungen erzielen können. Der Aufstieg von No-Code-Plattformen hat es selbst Bootstrapping-Startups ermöglicht, ihre MVPs zu erstellen, ohne die Bank zu sprengen.
3. **Zusammenarbeit und Flexibilität** : No-Code-Plattformen ermöglichen eine kollaborativere und flexiblere Umgebung und ermöglichen es

funktionsübergreifenden Teams, parallel an einem MVP zu arbeiten. Produktmanager, Designer, Vermarkter und Entwickler können gemeinsam iterieren, Feedback austauschen und das Produkt nach Bedarf ändern.

4. **Stärkung nicht-technischer Gründer** : Einer der größten Game-Changer der No-Code-Bewegung besteht darin, dass sie die Möglichkeit demokratisiert, eine Idee zum Leben zu erwecken. Gründer, denen es an technischen Fähigkeiten mangelt, können jetzt MVPs für ihr Unternehmen erstellen, ohne auf einen Entwickler oder technischen Mitgründer angewiesen zu sein.

5. **Einfache Skalierung und Änderung** : No-Code-Plattformen verfügen normalerweise über integrierte Integrationen, die die Skalierung erleichtern. Während sich Ihr MVP weiterentwickelt, können Sie ganz einfach Funktionen hinzufügen, vorhandene ändern und zusätzliche Tools und Dienste integrieren, um den sich ständig ändernden und wachsenden Anforderungen Ihres Startups gerecht zu werden.

1.1.3 Die wichtigsten No-Code-Tools und Plattformen, die Sie kennen sollten

Heutzutage sind unzählige No-Code-Tools und -Plattformen verfügbar, und es kommen ständig weitere hinzu. Hier ist ein kurzer Überblick über einige beliebte No-Code-Plattformen, die sich in verschiedenen Bereichen auszeichnen:

1. **Webflow** : Webflow ist eine leistungsstarke Plattform zum Entwerfen und Starten responsiver Websites, ohne Code schreiben zu müssen. Es ermöglicht Benutzern, von Grund auf individuelle, optisch ansprechende und hochwertige Website-Designs zu erstellen.

2. **Bubble** : Bubble ist eine beliebte Plattform zum Erstellen von Webanwendungen über eine einfache Drag-and-Drop-Oberfläche. Es verfügt über einen visuellen Editor und eine umfangreiche Bibliothek an Plugins, mit denen Sie komplexe und umfangreiche Webanwendungen erstellen können, ohne Code schreiben zu müssen.

3. **Appgyver** : Mit dieser Plattform können Benutzer Mobil-, Desktop- und Webanwendungen mithilfe einer reaktionsschnellen visuellen Benutzeroberfläche sowie einer Vielzahl von Integrationen und Funktionen erstellen.

4. **Zapier** : Zapier ist ein Automatisierungstool, das verschiedene Apps und Dienste verbindet, ohne dass benutzerdefinierter Code erforderlich ist. Es spielt eine entscheidende Rolle bei der Erstellung automatisierter Arbeitsabläufe und Auslöser zwischen Plattformen und erleichtert so die Integration und Verwaltung von Daten über mehrere Anwendungen hinweg.

5. **Airtable** : Airtable ist ein flexibles und benutzerfreundliches Datenbanktool, mit dem Sie benutzerdefinierte Datenbanken erstellen, Tabellenkalkulationen verwalten und eine Verbindung zu anderen Tools in Ihrem Stack herstellen können, ohne dass dafür Programmierkenntnisse erforderlich sind.

1.1.4 Fertig, fertig, bauen: So erstellen Sie Ihr erstes No-Code-MVP

Der Aufbau eines No-Code-MVP erfordert einen durchdachten Prozess, bei dem Sie Ihre Idee entwerfen, sie in kleinere Komponenten zerlegen und diese Komponenten so organisieren, dass sie am besten zu Ihrer beabsichtigten

Benutzererfahrung passen. Die folgenden Schritte können Sie durch diesen Prozess führen:

1. **Definieren** : Definieren Sie klar das Problem, das Sie lösen möchten, und identifizieren Sie Ihre Zielgruppe. Dadurch können Sie sicherstellen, dass Ihr MVP den Bedürfnissen und Interessen Ihrer potenziellen Kunden gerecht wird.
2. **Recherche** : Analysieren Sie Ihre Konkurrenz und bewerten Sie die Landschaft Ihrer Branche. Dies liefert Einblicke in die unverzichtbaren Funktionen Ihres MVP und zeigt das einzigartige Wertversprechen, das Sie von bestehenden Lösungen abhebt.
3. **Skizze** : Machen Sie ein Brainstorming und skizzieren Sie die wichtigsten Benutzerflüsse und Wireframes für Ihr MVP. Dies wird Ihnen helfen, die User Journey zu visualisieren, Ihre Gedanken und Ideen zu ordnen und sicherzustellen, dass Sie eine benutzerzentrierte Lösung entwickeln.
4. **Auswählen** : Wählen Sie die richtigen No-Code-Tools und Plattformen aus, die den Anforderungen Ihres MVP am besten entsprechen. Möglicherweise müssen Sie verschiedene Dienste kombinieren und aufeinander abstimmen, um alle Ihre Bereiche effektiv abzudecken.
5. **Erstellen** : Verwenden Sie die ausgewählten Plattformen, um Ihr MVP zu erstellen, und achten Sie dabei darauf, die zuvor im Prozess definierten Funktionen und Benutzerabläufe einzuhalten. Testen Sie die Lösung unterwegs, um mögliche Probleme zu beseitigen.
6. **Iterieren** : Sobald Ihr MVP live ist, sammeln Sie Benutzerfeedback, iterieren Sie Ihre Lösung und optimieren Sie Ihr Angebot basierend auf den gewonnenen Erkenntnissen. Die Fähigkeit zur

schnellen und einfachen Iteration ist einer der wesentlichen Vorteile von No-Code-MVPs.

Zusammenfassend lässt sich sagen, dass die Nutzung der Leistungsfähigkeit von No-Code-MVPs zum Erfolg in der schnelllebigen Welt der Startups führen kann. Die eingesparte Zeit und Ressourcen, die schnellen Iterationen und die nahtlose Skalierbarkeit sowie die Möglichkeit für technisch nicht versierte Gründer, ihre Ideen zum Leben zu erwecken, weisen alle auf die Zukunft hin – das Zeitalter des No-Code.

Die Macht von No-Code-MVPs

Warum jeder Unternehmer einen No-Code MVP braucht

In der heutigen schnelllebigen, hart umkämpften Geschäftslandschaft stehen angehende Unternehmer oft vor einem Dilemma. Sie haben eine möglicherweise weltverändernde Idee für ein Produkt oder eine Dienstleistung, aber es fehlen ihnen die nötigen Ressourcen – insbesondere Zeit und technisches Fachwissen –, um sie in die Tat umzusetzen.

Geben Sie das No-Code Minimum Viable Product (MVP) ein. Mithilfe von No-Code-Plattformen kann jetzt jeder, unabhängig von seinen Programmierkenntnissen, leistungsstarke digitale Lösungen erstellen, die auf seine individuellen Bedürfnisse zugeschnitten sind, und das alles, ohne eine einzige Codezeile zu berühren.

In diesem Abschnitt werden wir das grundlegende Konzept von No-Code-MVPs untersuchen und die zahlreichen Vorteile diskutieren, die sie zu einem unverzichtbaren Werkzeug für heutige Unternehmer machen. Von

Geschwindigkeit und Flexibilität bis hin zu Kosteneffizienz und kontinuierlichem Lernen bietet diese neue Generation von MVPs unschätzbare Vorteile – insbesondere für Startups mit begrenzten Ressourcen und anspruchsvollen Zeitplänen.

Definition minimal lebensfähiger No-Code-Produkte

Bevor wir uns mit den Vorteilen von No-Code-MVPs befassen, werfen wir einen kurzen Blick auf die beiden Schlüsselkonzepte in dieser Gleichung – MVPs und No-Code-Entwicklung.

- **Minimum Viable Product (MVP)** : Ein MVP ist eine Version eines neuen Produkts mit den Mindestfunktionen, die erforderlich sind, um die Kernfunktionen und Wertversprechen zu erfassen und gleichzeitig Erstanwender anzulocken. Diese abgespeckte Version des Produkts ermöglicht es Startups, das Wasser zu testen, Benutzerfeedback zu sammeln und auf der Grundlage datengesteuerter Entscheidungen zu iterieren – und das alles, ohne wertvolle Ressourcen für die Entwicklung eines voll ausgestatteten, ausgefeilten Produkts aufzuwenden. Kurz gesagt, ein MVP ermöglicht es Startups, schnell zu scheitern, schnell zu lernen und bei Bedarf umzuschwenken.
- **No-Code-Entwicklung** : No-Code-Tools sind visuelle Entwicklungsplattformen, die es Benutzern ermöglichen, Apps, Websites und digitale Produkte zu erstellen, ohne Code schreiben zu müssen. Stattdessen nutzen sie Drag-and-Drop-Schnittstellen, vorgefertigte Vorlagen und vorkonfigurierte Komponenten, um die gewünschten Funktionalitäten zu erstellen. No-Code-Plattformen demokratisieren den App-Entwicklungsprozess und ermöglichen es

technisch nicht versierten Benutzern – wie Unternehmern, Geschäftsanalysten und Designern –, ihre Ideen schnell und kostengünstig in funktionierende Prototypen umzusetzen, ohne auf knappe Entwicklerressourcen oder umfangreiches technisches Fachwissen angewiesen zu sein .

Nachdem wir nun ein grundlegendes Verständnis dieser beiden Konzepte haben, können wir die wahre Leistungsfähigkeit von No-Code-MVPs erkennen: eine Synthese aus dem schlanken und praktischen Ansatz von MVPs mit der Agilität und Zugänglichkeit von No-Code-Tools. Diese leistungsstarke Kombination ermöglicht es Startups, ihre Ideen schnell und mit minimalem Risiko und minimalem Aufwand zu testen, zu validieren und zu iterieren.

Vorteile von No-Code-MVPs für Startups

1. **Ausführungsgeschwindigkeit** : No-Code-Plattformen reduzieren die Zeit, die zum Erstellen eines funktionsfähigen MVP benötigt wird, erheblich. Mit einer intuitiven Drag-and-Drop-Oberfläche, geführten Entwicklungsprozessen und vorgefertigten Modulen können Unternehmer ihre Ideen schnell zum Leben erwecken – manchmal innerhalb von Stunden oder Tagen statt Wochen oder Monaten. Dies ermöglicht es Gründern, sich auf die Validierung ihrer Hypothese und die Iteration zu konzentrieren, um eine viel schnellere Anpassung an den Produktmarkt zu erreichen.
2. **Niedrigere Entwicklungskosten** : Durch die Umgehung der Notwendigkeit, Entwickler einzustellen, senken No-Code-MVPs die Vorabkosten erheblich – ein Lebensretter für Start-ups mit Geldnot. Darüber hinaus bieten No-Code-Plattformen häufig ein abonnementbasiertes Preismodell an, das es

Ihnen ermöglicht, nur für das zu bezahlen, was Sie benötigen, und ein Upgrade oder Downgrade durchzuführen, wenn sich Ihre Anforderungen ändern.

3. **Einfache Iteration** : Die agile Natur von No-Code-Lösungen macht es einfach, Änderungen, Aktualisierungen und Verfeinerungen an Ihrem MVP auf der Grundlage von Benutzer-Feedback in Echtzeit vorzunehmen. Diese unschätzbare Funktion ermöglicht es Startups, den Kurs zu korrigieren und ihre Produktangebote zu optimieren, ohne von vorne beginnen oder einen kostspieligen, zeitaufwändigen Entwicklungszyklus durchführen zu müssen.

4. **Flexibilität und Anpassbarkeit** : No-Code-Tools verfügen über eine Vielzahl von Optionen, Integrationen und Erweiterungen und bieten Startups die Flexibilität, genau die Lösung zu erstellen, die sie benötigen – und das alles ohne Programmierkenntnisse oder technisches Fachwissen. Sie können aus einer Bibliothek gebrauchsfertiger Module auswählen oder sogar benutzerdefinierte Komponenten erstellen, die Ihren spezifischen Anforderungen entsprechen.

5. **Zusammenarbeit und Zugänglichkeit** : No-Code-Plattformen bieten gleiche Wettbewerbsbedingungen für Startups mit vielfältigen, funktionsübergreifenden Teams. Sie fördern die Zusammenarbeit und Kommunikation zwischen den Mitgliedern, indem sie eine einheitliche, visuelle Plattform bereitstellen, auf der jeder zur Entwicklung des Produkts beitragen kann – von der Idee bis zur Ausführung.

Durch die Nutzung der Leistungsfähigkeit von No-Code-MVPs können Unternehmer ihre Ideen schnell und effizient testen, wichtiges Feedback einholen und ihr Startup in die richtige Richtung lenken – und das alles, während sie Zeit, Geld und Ressourcen sparen. In den folgenden Kapiteln stellen wir Ihnen eine Schritt-für-Schritt-Anleitung zur Verfügung, wie Sie Ihr eigenes No-Code-MVP aufbauen und Ihr Startup auf den Weg zum Erfolg bringen.

1.1 Die No-Code-Bewegung annehmen

Vorbei sind die Zeiten, in denen die Gründung eines Startups ein tiefes Programmierverständnis, ein engagiertes Entwicklerteam oder Tausende von Dollar für die Auslagerung Ihrer Entwicklungsarbeit erforderte. Das Aufkommen der No-Code-Bewegung hat zu einer einfacheren, schnelleren und kostengünstigeren Möglichkeit geführt, Ihre Ideen zum Leben zu erwecken.

No-Code-MVPs stellen einen schnell wachsenden Trend in der Welt des Unternehmertums dar und ermöglichen Gründern und Startup-Enthusiasten, ihre Geschäftsideen mit minimalem technischen Wissen zum Leben zu erwecken. Durch die Nutzung der Leistungsfähigkeit von No-Code-Plattformen und -Tools können potenzielle Unternehmer nun ihr Minimum Viable Product (MVP) innerhalb von Tagen oder Wochen statt Monaten oder Jahren erstellen und iterieren.

In diesem Abschnitt untersuchen wir die Leistungsfähigkeit von No-Code-MVPs und warum sie für das moderne Startup-Ökosystem unverzichtbar geworden sind. Sie werden entdecken, wie diese innovativen Lösungen die Innovation von Startups demokratisiert und den gesamten Prozess der Validierung und Gründung eines Startups beschleunigt haben.

1.1.1 Das No-Code-Ökosystem

Das No-Code-Ökosystem ist eine Sammlung von Lösungen, die es technisch nicht versierten Benutzern ermöglichen, leistungsstarke Softwareanwendungen zu erstellen, anzupassen und bereitzustellen, ohne eine einzige Codezeile schreiben zu müssen. Es besteht aus einer Vielzahl von Tools, Plattformen und Diensten, die integrierte Funktionen zum Entwickeln und Anpassen Ihrer Anwendungen entsprechend Ihren individuellen Anforderungen bieten. Einige beliebte Beispiele sind Webflow, Bubble, Zapier, Adalo, Airtable und viele mehr.

Die wachsende Bibliothek an No-Code-Tools deckt ein breites Spektrum an Kategorien und Funktionalitäten ab, wie z. B. Website-Builder, App-Builder, Datenmanagement, Automatisierungstools und sogar vollwertige Entwicklungsplattformen.

Das Hauptziel dieser No-Code-Lösungen besteht darin, Einzelpersonen oder Teams mit wenig oder gar keinem technischen Hintergrund die Möglichkeit zu geben, voll funktionsfähige Softwareanwendungen zu erstellen, wodurch die Eintrittsbarriere für Unternehmer, die ihre Startup-Ideen validieren oder schnell Innovationen einführen möchten, wesentlich gesenkt wird.

1.1.2 Die Vorteile von No-Code-MVPs

Heutzutage ist das Erstellen, Validieren und Iterieren eines MVP zu einem wesentlichen Bestandteil der Ideenfindung und des Wachstums eines Startups geworden. Mit dem MVP können Unternehmer ihr Produkt oder ihre Dienstleistung schnell testen und analysieren und so notwendige Anpassungen oder Änderungen vornehmen, bevor sie weitere Zeit, Mühe oder Ressourcen investieren. Insbesondere No-Code-MVPs bieten mehrere Vorteile:

1. **Geschwindigkeit** : No-Code-Tools sind benutzerfreundlich und unkompliziert konzipiert, sodass Sie Ihr MVP in einem erstaunlich schnellen Tempo erstellen können. Sie können innerhalb von Tagen oder Wochen Prototypen konstruieren, Tests durchführen und Ihre Ideen iterieren, statt langwieriger Entwicklungszyklen.

2. **Flexibilität** : Mit einer umfassenden Palette an verfügbaren No-Code-Tools können Unternehmer verschiedene Lösungen kombinieren, um ein MVP zu erstellen, das genau auf ihre individuellen Bedürfnisse zugeschnitten ist. Außerdem können sie ihr Produkt problemlos an die Weiterentwicklung ihres Startups anpassen, ohne dass es zu nennenswerten Verzögerungen oder Kosten kommt.

3. **Kostengünstig** : No-Code-MVPs machen die Einstellung von Entwicklern oder die Auslagerung Ihrer Produktentwicklung an externe Agenturen überflüssig. Das bedeutet, dass Ihre Kosten drastisch sinken, sobald Sie lernen, sich in der No-Code-Landschaft zurechtzufinden, während Sie dennoch die Möglichkeit behalten, außergewöhnliche Produkte zu entwickeln und zu iterieren.

4. **Validierung** : Das ultimative Ziel eines MVP besteht darin, Ihre Startup-Idee bei potenziellen Kunden zu validieren. Je schneller Sie Ihr MVP aufbauen und iterieren können, desto schneller können Sie Feedback erhalten und Erkenntnisse über Ihren Zielmarkt gewinnen, was Ihnen hilft, Ihr Startup in die richtige Richtung zu lenken.

5. **Risikominderung** : Der Aufbau eines No-Code-MVP minimiert die Risiken, die mit dem Aufbau eines vollständigen Produkts von Anfang an verbunden sind. Sie können Ihre Ideen testen, an Zugkraft gewinnen oder potenzielle Hindernisse entdecken,

ohne einen erheblichen finanziellen oder zeitlichen Aufwand zu tätigen.

1.1.3 No-Code-Prozesse und Workflow

Die Entwicklung eines No-Code-MVP folgt normalerweise einem klar definierten Prozess und Workflow, der aus einer Reihe von Schritten besteht:

1. **Ideenfindung** : Der erste Schritt besteht darin, Ihre Startup-Idee zu definieren, Ihre Zielgruppe und das Problem zu identifizieren, das Sie lösen möchten. Es ist wichtig zu klären, wer Ihre Benutzer sein werden und welchen Mehrwert Ihre Lösung für ihr Leben bietet.
2. **MVP-Planung** : Sobald Sie ein solides Verständnis Ihrer Idee haben, besteht der nächste Schritt darin, die wesentlichen Features, Funktionalitäten und Benutzerabläufe zu bestimmen, die eine minimal brauchbare Version Ihres Produkts am besten darstellen. Priorisieren Sie diese Funktionen, um einen erreichbaren MVP-Umfang aufzubauen.
3. **Auswahl von No-Code-Tools** : Abhängig von der Art Ihres MVP, den Funktionen, die es haben sollte, und Ihrem eigenen bevorzugten Workflow müssen Sie die richtigen No-Code-Tools auswählen, die Ihren Anforderungen entsprechen. Dies kann die Auswahl zwischen Website-Buildern, App-Buildern, Automatisierungstools oder anderen spezialisierten Plattformen umfassen.
4. **Erstellen des MVP** : Sobald Ihr Plan vorliegt, beginnen Sie mit der Erstellung Ihres MVP mit den ausgewählten No-Code-Tools. Stellen Sie sicher, dass die wesentlichen Funktionen und Benutzerflussmuster gut dargestellt und funktionsfähig sind.

5. **Tests und Validierung** : Sobald das MVP erstellt ist, ist es an der Zeit, Benutzerfeedback zu sammeln, Tests durchzuführen und potenzielle Lücken oder Probleme zu identifizieren, die behoben werden müssen. Bewerten Sie Ihre Annahmen neu und überprüfen Sie, ob Ihre Lösung auf dem richtigen Weg ist.

6. **Iterieren und Verbessern** : Nutzen Sie die Erkenntnisse aus Tests und Validierungen, um notwendige Anpassungen, Verbesserungen oder Änderungen an Ihrem MVP vorzunehmen. Dieser iterative Prozess macht es einfacher, rechtzeitig Änderungen vorzunehmen und Ihr Startup bei Bedarf neu auszurichten.

Wie Sie sehen, haben No-Code-MVPs die Welt des Unternehmertums revolutioniert, indem sie den Prozess der Erstellung, Validierung und Iteration Ihrer Ideen optimiert und beschleunigt haben, um Ihre Erfolgschancen zu maximieren. Indem Sie sich der No-Code-Bewegung zuwenden, können Sie Ihr Startup für schnelles Wachstum positionieren und gleichzeitig Ihren Fokus auf Innovation und Wertschöpfung aufrechterhalten.

2. Das No-Code-Toolkit: Grundlegende Plattformen und Tools

2.1 Grundlegende Plattformen zum Erstellen von No-Code-MVPs

Der Aufbau eines No-Code-MVP ist ein wesentlicher Schritt zur Validierung Ihrer Startup-Idee, und die richtigen Tools sind von größter Bedeutung, um richtig durchzustarten. In diesem Kapitel besprechen wir die wesentlichen Plattformen, die Ihnen beim Aufbau Ihres No-Code-MVP mit minimalen technischen Kenntnissen helfen können.

2.1.1 Webflow

Webflow ist eine leistungsstarke Design- und Entwicklungsplattform, mit der Sie responsive Websites erstellen können, ohne eine einzige Codezeile schreiben zu müssen. Es kombiniert eine intuitive Drag-and-Drop-Oberfläche mit einem kompletten Satz an Design-Tools, die Ihnen beim einfachen Erstellen und Anpassen Ihres MVP helfen können.

Webflow-Funktionen:

- Responsives Design ohne komplexe Medienabfragen
- Benutzerdefinierte Animationen und Interaktionen
- Eine umfangreiche Bibliothek vorgefertigter Komponenten und Elemente
- Visuelles CMS zur dynamischen Verwaltung Ihrer Inhalte
- Auf Geschwindigkeit und Leistung optimiertes Hosting
- Kollaborationstools für die Zusammenarbeit mit Teammitgliedern

2.1.2 Blase

Bubble ist eine No-Code-Plattform, mit der Sie benutzerdefinierte Webanwendungen von Grund auf erstellen können. Mit Bubble können Sie ohne Programmierkenntnisse voll funktionsfähige Web-Apps entwerfen, entwickeln und bereitstellen.

Blasenfunktionen:

- Visueller Drag-and-Drop-Builder
- Anpassbare UI-Elemente (Schaltflächen, Eingaben usw.)
- Datenbankverwaltungssystem
- Stellen Sie eine Verbindung zu externen APIs und Diensten her
- Benutzerdefinierte Logik und Arbeitsabläufe
- Integration mit beliebten Tools (wie Stripe für Zahlungen)
- Kostenloses Hosting mit der Option, benutzerdefinierte Domains zu verwenden

2.1.3 Gleiten

Glide ist eine No-Code-Plattform, mit der Sie mobile Anwendungen mit Google Sheets als Backend erstellen können. Sie können jedes Google Sheet in eine schöne, benutzerfreundliche App verwandeln und Ihre App in Echtzeit aktualisieren, indem Sie Ihr Google Sheet bearbeiten.

Gleiteigenschaften:

- Anpassbare App-Vorlagen
- Google Sheets-basiertes Backend
- Zeigen Sie Daten in verschiedenen Layouts an, filtern und sortieren Sie sie
- Benutzerdefinierte Aktionen (Schaltflächen, Formulare usw.) zur Interaktion mit Ihren Daten
- Verfügbar für Android und iOS
- Keine Installation erforderlich – Teilen über eine URL

2.1.4 Adalo

Adalo ist eine weitere No-Code-Plattform, mit der Sie benutzerdefinierte Mobil- und Web-Apps erstellen können.

38

Es bietet eine unkomplizierte Drag-and-Drop-Oberfläche und ermöglicht Ihnen die Erstellung von Anwendungen mit mehreren Bildschirmen, Komponenten und Funktionen ohne Programmierkenntnisse.

Adalo-Funktionen:

- Visueller Drag-and-Drop-Editor
- Benutzerdefinierte Komponenten und UI-Elemente
- Anpassbare App-Logik und Arbeitsabläufe
- Integration mit beliebten Tools (wie Stripe für Zahlungen)
- Integriertes Daten-Backend und Authentifizierung
- Veröffentlichen Sie sowohl in Android- als auch in iOS-App-Stores
- Personalisiertes Branding und benutzerdefinierte Domain

2.1.5 Zapier

Zapier ist eine No-Code-Automatisierungsplattform, die verschiedene Webanwendungen und -dienste verbindet. Es ermöglicht Ihnen, automatisierte Workflows namens „Zaps" zu erstellen, indem Sie verschiedene Apps integrieren, ohne Code schreiben zu müssen.

Zapier-Funktionen:

- Integration mit über 3000 Apps und Diensten
- Vorgefertigte Zaps zur Automatisierung häufiger Aufgaben
- Anpassbare Auslöser und Aktionen für Ihre Arbeitsabläufe
- Bedingte Logik zur Erstellung komplexer Automatisierungen

- Geplante Automatisierungen, die in vorgegebenen Intervallen ausgeführt werden
- Mehrere Zaps und Schritte zum Kombinieren verschiedener Apps und Aktionen

2.2 Wesentliche Tools für No-Code-MVPs

Zusätzlich zu den oben genannten Plattformen gibt es mehrere wichtige Tools, die Sie bei verschiedenen Aspekten der Erstellung Ihres No-Code-MVP unterstützen können. Mit diesen Tools können Sie Zeit, Mühe und Ressourcen sparen und gleichzeitig ein effektives und effizientes MVP erstellen.

2.2.1 Webstuhl

Loom ist ein Video-Messaging-Tool, mit dem sich Videonachrichten einfach und schnell erstellen und teilen lassen. Es kann bei der Kommunikation mit Ihrem Team hilfreich sein oder Video-Tutorials und Demos mit Ihrem MVP integrieren.

Merkmale des Webstuhls:

- Sofortige Videoaufnahme mit einem einzigen Klick
- Bildschirmfreigabe mit Sprachkommentar
- Chrome-Erweiterung für schnellen Zugriff
- Videoanmerkungs- und Zeichenwerkzeuge
- Sofortiges Teilen von Videos über eine URL
- Integration mit beliebten Tools wie Slack, Notion und Trello

2.2.2 Typform

Typeform ist ein webbasierter Formular- und Umfrage-Builder, mit dem Sie interaktive und ansprechende

Formulare, Tests und Umfragen für Ihren MVP erstellen können. Es kann zum Sammeln von Benutzerfeedback, zur Lead-Generierung, zur Registrierung und mehr verwendet werden.

Typeform-Funktionen:

- Intuitiver Drag-and-Drop-Formularersteller
- Anpassbare Fragetypen und Formularlogik
- Einbettbare Formulare und Popups für Ihre Website
- Individuelles Branding und Design
- Integration mit beliebten Tools und Diensten
- Analysen und Erkenntnisse für Ihre Formulardaten

2.2.3 Canva

Canva ist eine Grafikdesign-Plattform mit einer umfangreichen Bibliothek an Vorlagen, Bildern und Designelementen zum Erstellen professioneller Grafiken und Visuals für Ihr MVP. Es kann Ihnen beim Erstellen von Logos, Präsentationen, Grafiken für soziale Medien und mehr helfen.

Canva-Funktionen:

- Benutzerfreundliche Drag-and-Drop-Oberfläche
- Vorlagen für verschiedene Designtypen
- Eine riesige Bibliothek mit Archivbildern und Designelementen
- Anpassbare Typografie und Farbpaletten
- Kollaborationstools für Teamprojekte
- Exportieren Sie in mehrere Dateiformate

2.2.4 Airtable

Airtable ist eine leistungsstarke Tabellenkalkulations-trifft-Datenbank-Plattform, mit der Sie benutzerdefinierte Datenbanken erstellen, Daten organisieren und mit Ihrem Team zusammenarbeiten können. Es kann für Projektmanagement, CRM, Inhaltsplanung und mehr verwendet werden.

Airtable-Funktionen:

- Anpassbare Tabellenvorlagen
- Erweiterte Filter-, Sortier- und Gruppierungsoptionen
- Verschiedene Datentypen und Feldtypen
- Echtzeit-Zusammenarbeit und Teamberechtigungen
- Integration mit beliebten Tools und Diensten
- API zur Verbindung mit anderen Plattformen

Durch die Nutzung dieser wichtigen Plattformen und Tools können Sie Ihre Startup-Idee schnell und effektiv mit einem No-Code-MVP erstellen, testen und validieren. Nutzen Sie die Möglichkeiten von No-Code und beobachten Sie, wie aus Ihrer Idee ein erfolgreiches Unternehmen wird.

2. Das No-Code-Toolkit: Grundlegende Plattformen und Tools

Die No-Code-Bewegung hat ein reichhaltiges Ökosystem an Plattformen und Tools hervorgebracht, die es jedem mit einer Idee ermöglichen, Startup-Ideen schnell zu erstellen und zu validieren. Mit diesen Tools müssen Sie kein Entwickler mehr sein oder über technisches Fachwissen verfügen, um eine Webanwendung, eine mobile App oder sogar ein vollwertiges Produkt zu erstellen.

In diesem Abschnitt erkunden wir einige der wesentlichen Plattformen und Tools, die Sie mit allem ausstatten, was Sie zum Erstellen Ihres Minimum Viable Product (MVP) benötigen, ohne eine einzige Codezeile schreiben zu müssen. Wir kategorisieren die Tools nach ihrem Zweck im No-Code-Entwicklungsprozess, von der Idee über den Prototyp bis zur Markteinführung.

A. Ideenvalidierung und Kundenforschung

Bevor Sie mit der Entwicklung Ihres No-Code-MVP beginnen, müssen Sie Ihre Idee validieren und Erkenntnisse über Ihre Zielkunden sammeln.

1. **Google Forms** – Ein kostenloses, vielseitiges Tool zum Erstellen und Teilen von Umfragen, Tests und Formularen. Nutzen Sie es, um Kundenfeedback einzuholen, Marktforschung durchzuführen oder die Benutzerzufriedenheit zu messen.
2. **Typeform** – Ein leistungsstarker Umfrage- und Formularersteller, der ansprechende Gesprächserlebnisse für Ihr Publikum schafft. Typeform bietet Vorlagen für verschiedene Zwecke, darunter Kundenfeedback, Produktvalidierung und Benutzerforschung.
3. **SurveyMonkey** – Ein Online-Umfragetool, das eine Fülle von Funktionen bietet, darunter vorgefertigte Umfragevorlagen, Datenanalysetools und Integrationen mit Anwendungen von Drittanbietern.

B. Visuelles Design und Prototyping

Arbeiten Sie mit Ihrem Team zusammen, um mit diesen Designtools Visuals, Wireframes und interaktive Prototypen zu erstellen:

1. **Figma** – Ein beliebtes webbasiertes Vektordesign-Tool, mit dem Sie in Echtzeit entwerfen, Prototypen

erstellen und zusammenarbeiten können. Es verfügt über eine Bibliothek mit UI-Elementen, die das Erstellen und Testen von Benutzeroberflächen erleichtert.

2. **Adobe XD** – Ein leistungsstarkes Design- und Prototyping-Tool von Adobe, mit dem Sie interaktive Erlebnisse entwerfen, prototypisieren und teilen können. Es ist vollgepackt mit zahlreichen Tools, darunter UI-Elemente, Komponenten und Plugins.

3. **Sketch** – Ein beliebtes Designtool für Mac-Benutzer, das für seine Einfachheit, Effizienz und integrativen Fähigkeiten bekannt ist. Mit einer umfangreichen Plugin-Bibliothek ermöglicht Ihnen Sketch das Entwerfen von Benutzeroberflächen und Prototypen interaktiver Erlebnisse.

C. Web-App- und Website-Builder

Website-Builder ohne Code machen es einfach, reaktionsfähige, optisch ansprechende Websites zu erstellen, ohne Code schreiben zu müssen.

1. **Webflow** – Eine Webdesign- und Hosting-Plattform, mit der Sie responsive Websites visuell entwerfen, erstellen und starten können. Mit dem integrierten CMS können Sie Inhalte erstellen und verwalten, ohne Code schreiben zu müssen.

2. **Wix** – Ein Drag-and-Drop-Website-Builder mit einer großen Auswahl an Designvorlagen und App-Integrationen von Drittanbietern. Wix bietet außerdem eine integrierte E-Commerce-Plattform, die die Einrichtung eines Online-Shops erleichtert.

3. **Squarespace** – Eine beliebte Plattform zum Erstellen schöner Websites, Portfolio-Sites und Online-Shops. Squarespace bietet eine elegante, moderne Designästhetik und eine Reihe leistungsstarker Tools,

mit denen Sie das Erscheinungsbild und die Funktionalität Ihrer Website anpassen können.

D. Mobile App Builder

Erstellen Sie mit diesen Code-freien Buildern für mobile Apps native mobile Apps für iOS und Android, ohne Code schreiben zu müssen.

1. **Adalo** – Ein No-Code-Builder für mobile Apps, mit dem Sie native mobile Apps auf iOS und Android erstellen und starten können. Mit der visuellen Benutzeroberfläche von Adalo können Sie Apps schnell und intuitiv erstellen.
2. **Thunkable** – Eine Drag-and-Drop-App-Entwicklungsplattform, mit der Sie voll funktionsfähige native Apps für iOS und Android erstellen können. Es bietet eine breite Palette an Komponenten und eine umfangreiche Bibliothek vorgefertigter Vorlagen für UI- und Layout-Design.
3. **OutSystems** – Eine leistungsstarke Low-Code-Plattform zum Erstellen von Mobil- und Webanwendungen der Enterprise-Klasse. Dank seiner visuellen Entwicklungsumgebung und Integrationsfunktionen ist es einfach, komplexe Apps mit minimalem Programmieraufwand zu erstellen.

E. E-Commerce-Plattformen

Starten und verwalten Sie Ihren Online-Shop mit diesen No-Code-E-Commerce-Plattformen.

1. **Shopify** – Eine führende E-Commerce-Plattform, mit der Sie Ihren Online-Shop erstellen, verwalten und erweitern können. Mit einer breiten Palette vorgefertigter Vorlagen, Plugins und Integrationen von

Drittanbietern können Sie ein maßgeschneidertes
Einkaufserlebnis für Ihre Kunden schaffen.

2. **BigCommerce** – Eine All-in-One-E-Commerce-
   Plattform, die geräteunabhängige Designvorlagen,
   fortschrittliche Marketing-Tools und Unterstützung für
   verschiedene Zahlungsgateways bietet. Es handelt
   sich um eine skalierbare Lösung für Unternehmen
   jeder Größe.

3. **WooCommerce** – Eine leistungsstarke, anpassbare
   und kostenlose E-Commerce-Plattform, die in
   WordPress integriert ist. Es bietet eine große Auswahl
   an Plugins und Themes, mit denen Sie einen
   vollständig individuellen Online-Shop erstellen
   können.

F. Workflow-Automatisierung und -Integration

Tools zur Workflow-Automatisierung ohne Code helfen
Ihnen, Aufgaben zu automatisieren und verschiedene
Plattformen zu integrieren, um ein nahtloses
Benutzererlebnis zu schaffen.

1. **Zapier** – Ein beliebtes Tool zur Workflow-
   Automatisierung, das verschiedene Anwendungen
   und Dienste verbindet und es Ihnen ermöglicht,
   Aufgaben zu automatisieren, ohne Code schreiben zu
   müssen. Es unterstützt Tausende von Integrationen
   und erleichtert so die Erstellung komplexer
   Arbeitsabläufe.

2. **Integromat** – Eine visuelle Workflow-
   Automatisierungsplattform, mit der Sie Aufgaben
   zwischen verschiedenen Anwendungen verbinden
   und automatisieren können. Die Drag-and-Drop-
   Oberfläche erleichtert die Erstellung
   benutzerdefinierter Integrationen und automatisierter
   Arbeitsabläufe.

3. **IFTTT** – Eine leichte, benutzerfreundliche Automatisierungsplattform, die Aufgaben zwischen beliebten Anwendungen und Diensten verbindet und automatisiert und dabei die „Wenn dies, dann das"-Logik verwendet.

Zusammenfassend lässt sich sagen, dass die No-Code-Landschaft eine Fülle von Tools für technisch nicht versierte Gründer bietet, mit denen sie ihre Startup-Ideen schnell entwickeln und validieren können. Dies ist keineswegs eine erschöpfende Liste; Dieses Toolkit ist jedoch ein hervorragender Ausgangspunkt für alle, die ein MVP ohne oder mit minimaler Programmiererfahrung erstellen möchten. Nutzen Sie die Kraft von No-Code und setzen Sie Ihre Idee in die Realität um!

A. Überblick über das No-Code Toolkit

In diesem Abschnitt werden wir uns eingehend mit den wesentlichen Plattformen und Tools befassen, die das Rückgrat jedes No-Code-MVP bilden. Diese Tools wurden sorgfältig ausgewählt, um Ihnen im gesamten Prozess der Verwirklichung Ihrer Startup-Ideen Zeit, Mühe und Geld zu sparen. Sie decken eine Vielzahl von Anforderungen ab, die vom Entwurf und der Erstellung Ihrer Web- und Mobilanwendungen über die Automatisierung komplexer Arbeitsabläufe bis hin zum Sammeln von Benutzerfeedback und sogar der Verwaltung Ihres Kundenstamms reichen, ohne eine einzige Codezeile schreiben zu müssen.

Jede in diesem Toolkit aufgeführte Plattform und jedes Tool kümmert sich um einen bestimmten Aspekt der Erstellung und Einführung Ihres No-Code-MVP. Wenn Sie mit diesem Abschnitt fertig sind, hoffen wir, dass Sie ein umfassendes Verständnis dafür haben, welche Tools Sie basierend auf

Ihren Produktanforderungen und Ihrer Zielgruppe auswählen sollten.

Schauen wir uns nun diese wichtigen Plattformen und Tools im No-Code-Toolkit genauer an:

1. No-Code-Entwicklungsplattformen

Hierbei handelt es sich um umfassende Tools, mit denen Sie Ihre Web- oder Mobilanwendung ohne Programmiererfahrung erstellen, entwerfen und starten können. Sie verfügen oft über eine WYSIWYG-Oberfläche (What-you-see-is-what-you-get), die es Ihnen erleichtert, Ihr ideales Produkt zu visualisieren und zu erstellen. Zu den beliebten No-Code-Entwicklungsplattformen gehören:

- **Bubble** : Eine leistungsstarke und vielseitige Plattform zum Erstellen von Webanwendungen. Zu den Hauptfunktionen von Bubble gehören ein intuitiver visueller Editor, integrierte Datenbankverwaltung, eine umfangreiche Sammlung von Plugins und direkte API-Integrationen.
- **Webflow** : Eine All-in-One-Design- und Entwicklungsplattform, die sich auf die Erstellung visuell beeindruckender und vollständig responsiver Websites konzentriert. Webflow ist für seine benutzerfreundliche Oberfläche und Echtzeit-Bearbeitungsfunktionen bekannt.
- **Adalo** : Eine Entwicklungsplattform für mobile Apps, die Sie beim Entwerfen, Erstellen und Starten benutzerdefinierter nativer Apps für Android- und iOS-Geräte unterstützt. Die benutzerfreundliche Drag-and-Drop-Oberfläche ermöglicht eine schnelle und mühelose Erstellung einer App.
- **OutSystems** : Eine Low-Code-Plattform, die eine umfangreiche Sammlung vorgefertigter Vorlagen und

Ressourcen bietet, perfekt für die schnelle Erstellung von Mobil- und Webanwendungen der Unternehmensklasse. OutSystems unterstützt die Integration mit führenden Datenbank- und Analysetools und ist daher bei größeren Unternehmen eine beliebte Wahl.

2. Tools zur Workflow-Automatisierung

Sobald Sie Ihr MVP erstellt haben, besteht der nächste Schritt darin, Geschäftsprozesse zu automatisieren und zu optimieren, ohne Code schreiben zu müssen. Mithilfe von Workflow-Automatisierungstools können Sie komplexe Workflows erstellen und verschiedene No-Code-Tools und Plattformen nahtlos integrieren. Zu den beliebten Tools zur Workflow-Automatisierung gehören:

- **Zapier** : Ein leistungsstarkes Automatisierungstool, das über 3.000 Anwendungen verbindet und automatisiert und über eine umfangreiche Bibliothek vorgefertigter „Zaps" verfügt, die Ihnen den schnellen Einstieg erleichtern.
- **Integromat** : Eine vielseitige Automatisierungsplattform, die eine visuelle Schnittstelle mit Unterstützung für API-basierte Integrationen kombiniert. Integromat bietet eine umfangreiche Suite an Funktionen und Tools zur einfachen Erstellung komplexer Arbeitsabläufe und Prozesse.
- **n8n.io** : Ein Open-Source-Tool zur knotenbasierten Workflow-Automatisierung, mit dem Sie benutzerdefinierte Integrationen einrichten und Aufgaben über mehrere Plattformen und Dienste hinweg automatisieren können.

3. Erfassung und Feedback von Benutzerdaten

Das Sammeln von Benutzerfeedback ist wichtig, wenn es darum geht, Ihre Startup-Idee zu validieren und Ihr Produkt zu verbessern. Hier sind einige Tools, die Ihnen beim Sammeln von Daten und Feedback von Ihren Benutzern helfen:

- **Google Forms** : Ein einfacher, aber leistungsstarker Umfrage- und Formularersteller, der mit der Google-Suite geliefert wird. Es umfasst verschiedene Fragetypen, Antwortvalidierung und automatische Erfassung von Daten in einem Google Sheet.
- **Typeform** : Ein benutzerzentrierter Formular- und Umfrage-Builder mit Schwerpunkt auf der Benutzererfahrung. Typeform bietet ansprechende, interaktive und leicht anpassbare Formulare, die in Ihre Website eingebettet oder über eine eindeutige URL geteilt werden können.
- **Hotjar** : Ein wichtiges Tool zum Verständnis des Benutzerverhaltens auf Ihrer Website, mit Heatmaps, Sitzungsaufzeichnungen und Conversion-Trichter-Analyse. Hotjar ermöglicht es Ihnen auch, Benutzerfeedback durch Umfragen und Umfragen zu sammeln.

4. Tools für das Kundenbeziehungsmanagement (CRM).

In der Anfangsphase Ihres Startups ist es wichtig, Ihren Kundenstamm zu verwalten und deren Bedürfnisse und Vorlieben im Auge zu behalten. Mithilfe von CRM-Tools können Sie Ihre Kundenbeziehungen ohne Programmierkenntnisse verwalten, analysieren und verbessern. Zu den beliebten CRM-Tools gehören:

- **Airtable** : Eine vielseitige No-Code-Plattform, die die Leistungsfähigkeit von Tabellenkalkulationen und Datenbanken kombiniert und es Ihnen ermöglicht, alles zu erstellen, von Projektmanagement-Boards bis hin zu benutzerdefinierten CRM-Systemen.

- **Streak** : Als CRM-Tool, das direkt in Ihr Gmail-Konto integriert ist, bietet Streak eine einfache und leichte Lösung für die nahtlose Verwaltung Ihrer Kundenbeziehungen in Ihrem vorhandenen E-Mail-Posteingang.
- **HubSpot CRM** : Eine umfassende CRM-Plattform mit sofort einsatzbereiten Marketing-, Vertriebs- und Kundenservice-Tools. HubSpot CRM ist einfach zu bedienen und bietet eine breite Palette an Integrationen, sodass es für Startups jeder Größe geeignet ist.

Mit einem umfassenden Verständnis dieser wichtigen Plattformen und Tools in Ihrem No-Code-Toolkit sind Sie jetzt bereit, schnell und effizient mit der Entwicklung und Validierung Ihrer Startup-Ideen zu beginnen. Die Leistungsfähigkeit von No-Code-MVPs steht Ihnen jetzt zur Verfügung. Viel Glück!

2.2 Das No-Code-Toolkit: Grundlegende Plattformen und Tools

In diesem Unterabschnitt werden wir die wesentlichen Plattformen und Tools untersuchen, die das Rückgrat der No-Code-Bewegung bilden. Diese Tools und Plattformen ermöglichen es angehenden Unternehmern, Produktmanagern und Visionären, sich auf die schnelle Entwicklung und Validierung ihrer Startup-Ideen zu konzentrieren, ohne Monate mit der Entwicklung zu verbringen.

2.2.1 Visuelle Entwicklungsplattformen

Visuelle Entwicklungsplattformen ermöglichen die Erstellung von Web- und Mobilanwendungen über eine visuelle Schnittstelle, ohne dass Code manuell geschrieben werden muss. Diese Plattformen verwenden typischerweise eine Drag-and-Drop-Schnittstelle, die es Benutzern ermöglicht, Benutzeroberflächen zu erstellen und Anwendungslogik mithilfe vorgefertigter Komponenten zu entwickeln. Zu den beliebten visuellen Entwicklungsplattformen gehören:

1. **Webflow** : Ein leistungsstarker Website- und Anwendungs-Builder, mit dem Benutzer reaktionsfähige Websites visuell erstellen, entwerfen und entwickeln können. Zu den erweiterten Funktionen von Webflow gehören Datenbankintegration, Benutzerauthentifizierung und die Möglichkeit, benutzerdefinierte Codeausschnitte zu integrieren. Die Plattform übernimmt außerdem nahtlos das Webhosting und optimiert die Website-Leistung mit Content Delivery Networks (CDNs).
2. **Bubble** : Eine vielseitige Plattform zum Erstellen von Webanwendungen von Grund auf oder mit anpassbaren Vorlagen. Mit Bubble können Benutzer komplexe Logik und Arbeitsabläufe erstellen, ohne Code schreiben zu müssen. Bubble bietet außerdem Datenbankverwaltungsfunktionen und unterstützt die Integration von Drittanbietern mithilfe von APIs.
3. **Wix** : Ein bekannter und intuitiver Website-Builder, der es Benutzern ermöglicht, mithilfe seiner großen Auswahl an Designvorlagen und dem Drag-and-Drop-Editor benutzerdefinierte Websites zu erstellen. Wix bietet wichtige Funktionen wie E-Commerce-Einrichtung, Benutzerauthentifizierung und Integrationen von Drittanbietern, um verschiedenen Geschäftsanforderungen gerecht zu werden.

2.2.2 Automatisierungstools

Automatisierungstools sind für die Verbindung verschiedener Plattformen, Datenbanken und Anwendungen von entscheidender Bedeutung, um einen nahtlosen Informationsfluss zwischen verschiedenen Systemen zu schaffen. Diese Tools steigern die Effizienz und ermöglichen Benutzern die Erstellung leistungsstarker automatisierter Arbeitsabläufe, ohne Code schreiben zu müssen. Zu den beliebten Automatisierungstools gehören:

1. **Zapier** : Eine Plattform, die Tausende von Apps und Diensten verbindet und es Benutzern ermöglicht, den Datenaustausch zu automatisieren und mehrstufige Arbeitsabläufe zu erstellen. Zapier bietet bedingte Logik für mehr Flexibilität bei der Erstellung von Automatisierungsworkflows, sodass Benutzer manuelle Arbeit reduzieren und die Effizienz ihrer Anwendungen steigern können.

2. **Integromat** : Eine leistungsstarke Automatisierungsplattform, die ähnliche Funktionen wie Zapier bietet, mit dem zusätzlichen Vorteil eines visuell intuitiven Editors. Das Alleinstellungsmerkmal von Integromat liegt in seiner Benutzeroberfläche, mit der Benutzer mithilfe einer Reihe miteinander verbundener Knoten Automatisierungsworkflows erstellen können, wodurch das Verständnis des Daten- und Aktionsflusses erleichtert wird.

3. **IFTTT** : Ein benutzerfreundlicher Automatisierungsdienst, der es Benutzern ermöglicht, einfache, aber effektive Regeln zu erstellen, die als „Applets" bezeichnet werden. IFTTT verbindet mehrere Plattformen und Geräte und ermöglicht Benutzern die Automatisierung von Aufgaben in IoT-, Smart-Home-Geräten und Webanwendungen.

2.2.3 Datenbank- und Backend-Lösungen

Die Erstellung von Anwendungen erfordert in der Regel eine robuste und sichere Datenbank zum Speichern und Verwalten von Daten. Die folgenden Datenbank- und Backend-Lösungen sind No-Code-freundlich und bieten anpassbare Funktionen, um den unterschiedlichen Projektanforderungen gerecht zu werden:

1. **Airtable** : Eine cloudbasierte Datenbankplattform, die die Funktionalität von Tabellenkalkulationen mit der Leistungsfähigkeit relationaler Datenbanken verbindet und es Benutzern ermöglicht, vielseitige und optisch ansprechende Datenbanken zu erstellen. Airtable bietet eine intuitive Benutzeroberfläche und Funktionen wie benutzerdefinierte Ansichten, Formulare und API-Integration.

2. **Xano** : Eine flexible Backend-as-a-Service-Plattform, die es Benutzern ermöglicht, eine komplexe, skalierbare und sichere Backend-Infrastruktur aufzubauen, ohne Code schreiben zu müssen. Xano bietet einen unkomplizierten Editor und robuste API-Verwaltungsfunktionen, sodass Benutzer ihre Anwendungen mit verschiedenen Datenquellen verbinden können.

3. **Firebase** : Eine umfassende Backend-Plattform von Google, die eine Vielzahl von Diensten wie Echtzeitdatenbanken, Benutzerauthentifizierung, maschinelles Lernen und Analysen bietet. Durch die Integration von Firebase in No-Code-Plattformen wie Bubble und Webflow können Benutzer mühelos Anwendungen mit leistungsstarken Backend-Funktionen erstellen.

2.2.4 Design- und Prototyping-Tools

Design- und Prototyping-Tools sind unverzichtbar, um optisch ansprechende Benutzeroberflächen zu erstellen und

UX-Abläufe vor der Anwendungsentwicklung effizient zu testen. Nachfolgend sind einige beliebte Design- und Prototyping-Tools aufgeführt:

1. **Figma** : Ein cloudbasiertes Designtool, mit dem Benutzer mühelos elegante Benutzeroberflächen und interaktive Prototypen erstellen können. Figma bietet Echtzeit-Zusammenarbeit und eignet sich daher perfekt für teambasierte Designprojekte.
2. **Sketch** : Ein beliebtes Design-Tool vor allem für Mac-Benutzer, das ähnliche Funktionen wie Figma bietet. Mit Sketch können Benutzer ganz einfach UI-Designs, Vektorillustrationen und interaktive Prototypen erstellen.
3. **Adobe XD** : Ein umfassendes Design-Tool von Adobe, das sich nahtlos in andere Adobe-Produkte integrieren lässt und die Möglichkeit bietet, umfangreiche Designs und interaktive Prototypen für Web- und mobile Anwendungen zu erstellen.

Diese No-Code-Plattformen und -Tools bilden die Grundlage für die schnelle Umsetzung von Startup-Ideen und ermöglichen es Unternehmern, sich auf die Validierung ihrer Konzepte und die Messung des Erfolgs ihrer Produktidee zu konzentrieren. Durch den Einsatz dieser Tools können Stakeholder ihre Produkte schnell weiterentwickeln und iterieren und so die Zeit von der Ideenfindung bis zur Markteinführung drastisch verkürzen.

2.1 Grundlegende Plattformen und Tools, die jeder No-Coder kennen muss

Bevor Sie sich eingehend mit Beispielen für No-Code-MVPs befassen und mit Ihren Startup-Ideen experimentieren, ist es wichtig, sich mit den Kernplattformen und Tools vertraut zu machen, die im No-Code-Ökosystem verfügbar sind. Wenn Sie die Möglichkeiten und Grenzen dieser Plattformen verstehen, können Sie nahtlos von der Idee zur Umsetzung übergehen und gleichzeitig Zeit und Ressourcen sparen.

Es gibt verschiedene No-Code-Plattformen und -Tools, die jeweils einem anderen Zweck dienen, z. B. Website-Builder, Datenbanken, E-Commerce-Plattformen, Workflow-Automatisierung, visuelle Entwicklungstools und mehr. In diesem Abschnitt stellen wir einige der beliebtesten und effektivsten No-Code-Tools vor, die Sie für Ihre No-Code-MVP-Reise in Betracht ziehen müssen.

2.1.1 Website-Builder

1. **Webflow** : Webflow ist eine beliebte No-Code-Webdesign-Plattform, mit der Sie responsive Websites erstellen und Inhalte verwalten können, ohne Code schreiben zu müssen. Sie können Elemente visuell gestalten, Animationen hinzufügen, Formulare erstellen, alle SEO-Einstellungen verwalten und Ihre Website vollständig anpassen. Die Plattform bietet leistungsstarke CMS-Funktionen, die Ihnen die Integration mit anderen Tools wie Zapier und E-Commerce-Funktionen ermöglichen.
2. **Wix** : Wix ist ein benutzerfreundlicher Website-Builder ohne Code mit einer benutzerfreundlichen Oberfläche, mit der Sie Websites mit vollem Funktionsumfang und einer beeindruckenden Auswahl an Anpassungsoptionen erstellen können. Wix bietet außerdem eine Bibliothek vorgefertigter Vorlagen und Anwendungen mit vielen verfügbaren Integrationen von Drittanbietern.

2.1.2 Datenbanken

1. **Airtable** : Airtable ist eine benutzerfreundliche Datenbank, die wie eine Tabellenkalkulation aussieht, aber leistungsfähigere Funktionen wie Filterung, Sortierung, Datenbeziehungen und Datengruppierung bietet. Sie können Airtable als Datenbank oder Backend verwenden, um Ihre wesentlichen Daten zu speichern und zu verwalten und sie über APIs oder Zapier-Integrationen mit anderen No-Code-Plattformen und Tools zu verbinden.

2. **Google Sheets** : Google Sheets ist eine weit verbreitete cloudbasierte Tabellenkalkulation, die Microsoft Excel ähnelt. Es bietet jedoch Kollaborations-, Automatisierungs- und Integrationsfunktionen, die es zu einer hervorragenden Lösung für einfache Datenbankalternativen bei der Arbeit mit No-Code-Plattformen machen.

2.1.3 E-Commerce-Plattformen

1. **Shopify** : Shopify ist eine E-Commerce-Plattform ohne Code, die es Unternehmern ermöglicht, Online-Shops ohne Programmieraufwand zu erstellen und anzupassen. Es bietet eine breite Palette an Funktionen wie Auftragsverwaltung, Analyse- und Marketingtools sowie Hunderte von Apps und Integrationen von Drittanbietern.

2. **Gumroad** : Gumroad ist eine E-Commerce-Plattform ohne Code, die speziell für Entwickler entwickelt wurde, um digitale Produkte, Mitgliedschaften und Abonnements zu verkaufen. Damit können Sie Produkt-Landingpages erstellen und Verkäufe einfach verwalten, was es zu einer großartigen Option für Startups macht, die sich auf digitale Produkte konzentrieren.

2.1.4 Workflow-Automatisierung und APIs

1. **Zapier** : Zapier ist ein leistungsstarkes No-Code-Tool, mit dem Sie verschiedene Anwendungen automatisieren und verbinden können, ohne Code schreiben zu müssen. Mit einer umfangreichen App-Bibliothek können Sie benutzerdefinierte Workflows erstellen, die sich wiederholende Aufgaben automatisieren, wie z. B. das Versenden von E-Mails, das Verwalten von Social-Media-Beiträgen und den Umgang mit Kundendaten.
2. **Integromat** : Integromat ist eine Alternative zu Zapier, die erweiterte Funktionen wie Fehlerbehandlung und bedingtes Routing bietet. Mit dieser No-Code-Plattform können Sie Prozesse zwischen verschiedenen Anwendungen ohne Codierung visuell entwerfen und automatisieren.

2.1.5 Visuelle Entwicklungstools und App-Builder

1. **Bubble** : Bubble ist eine visuelle Entwicklungsplattform ohne Code, mit der Sie Web- und Mobilanwendungen erstellen können, ohne Code schreiben zu müssen. Sie können die Benutzeroberfläche Ihrer App mit einem Drag-and-Drop-Editor entwerfen, benutzerdefinierte Datenstrukturen erstellen und Workflow-Automatisierungen über eine visuelle Programmierschnittstelle definieren.
2. **Adalo** : Adalo ist eine No-Code-App-Entwicklungsplattform, die das Erstellen mobiler

Anwendungen so einfach macht wie das Entwerfen einer Website. Mit einer unkomplizierten Drag-and-Drop-Oberfläche können Sie ohne Programmieraufwand native mobile Anwendungen für iOS und Android erstellen, Daten verwalten und in verschiedene API-Dienste integrieren.

2.1.6 Chatbots und Messaging

1. **Landbot** : Mit Landbot können Sie Chatbots erstellen, ohne Code schreiben zu müssen. Über eine Drag-and-Drop-Oberfläche können Sie den Gesprächsablauf Ihres Chatbots visuell gestalten, Benutzerdaten sammeln und ihn in andere Anwendungen wie CRM oder E-Mail-Plattformen integrieren.
2. **ManyChat** : ManyChat bietet eine No-Code-Plattform zum Erstellen von Facebook Messenger-Chatbots mit einem visuellen Flow Builder. Sie können automatisierte Nachrichtensequenzen einrichten, Ihre Zielgruppe segmentieren und mithilfe von Vorlagen sogar einfache Bots für Ihren E-Commerce-Shop erstellen.

Diese Plattformen und Tools sollten als Ausgangspunkt für die Erkundung der No-Code-Landschaft dienen. Bedenken Sie, dass sich das No-Code-Ökosystem ständig weiterentwickelt und regelmäßig neue Tools auf den Markt kommen. Stellen Sie bei der Auswahl einer Plattform oder eines Tools sicher, dass es Ihren Geschäftsanforderungen, Kostenbeschränkungen und Skalierbarkeitsanforderungen entspricht. Experimentieren Sie mit diesen Tools, machen Sie sich mit ihren Fähigkeiten vertraut und lassen Sie sie Ihre MVP-Reise ohne Code vorantreiben.

3. Definieren Sie Ihre Startup-Idee: Das Problem, die Lösung und die Zielgruppe

3.1. Das Kernproblem identifizieren

Einer der entscheidenden Schritte beim Aufbau eines erfolgreichen Startups ist die Identifizierung des Kernproblems, das Sie lösen möchten. In diesem Unterabschnitt führen wir Sie durch den Prozess der Bestimmung des Problems, das Ihr Startup angehen wird, wie Sie eine einzigartige Lösung entwickeln und welche Zielgruppe Sie bedienen werden.

Warum Problemidentifizierung wichtig ist

In der Welt der Startups basiert jedes erfolgreiche Produkt oder jede erfolgreiche Dienstleistung auf der Lösung eines bestimmten Problems. Beginnen Sie mit der Lösung eines Problems, und die Erfolgschancen Ihres Startups werden erheblich steigen. Wenn Sie andererseits ein Produkt entwickeln, ohne ein klares Problem anzugehen, fällt es Ihnen viel schwerer, Benutzer oder Kunden zu gewinnen.

Schritte zur Identifizierung des Kernproblems

Um das Kernproblem zu definieren, berücksichtigen Sie die folgenden Schritte:

1. **Identifizieren Sie Schmerzpunkte** : Denken Sie zunächst über die Herausforderungen oder Frustrationen nach, mit denen Sie, Ihre Freunde oder

Ihre Familie regelmäßig konfrontiert sind. Seien Sie offen und aufmerksam gegenüber den Problemen, mit denen die Menschen in Ihrem Umfeld in verschiedenen Lebensbereichen zu kämpfen haben, von der Arbeit und Beziehungen bis hin zu Gesundheit und Finanzen.

2. **Validieren Sie das Problem** : Sobald Sie einen Schwachpunkt identifiziert haben, gehen Sie tiefer in die Materie ein, um die Grundursache des Problems zu verstehen. Sprechen Sie mit Menschen, die das Problem erlebt haben, suchen Sie nach Online-Diskussionen zu diesem Thema und lassen Sie sich von Experten beraten, um einen Einblick in die Größe und den Umfang des Problems zu erhalten. Stellen Sie sicher, dass das Problem schwerwiegend genug ist, um eine Lösung zu rechtfertigen.

3. **Vorhandene Lösungen bewerten** : Untersuchen Sie vorhandene Lösungen für das Problem. Untersuchen Sie ihre Stärken, Schwächen und Lücken. Identifizieren Sie Bereiche, in denen Sie innovativ sein und einen Mehrwert bieten können, der Ihre Lösung von dem unterscheidet, was derzeit verfügbar ist.

4. **Verfeinern Sie Ihre Problemstellung** : Nutzen Sie Ihre Erkenntnisse, um eine klare und prägnante Problemstellung zu verfassen. Dies sollte eine kurze Beschreibung sein, die den Kern des Problems und die Auswirkungen auf die betroffenen Benutzer darlegt.

3.2. Eine einzigartige Lösung entwickeln

Nach der Definition des Kernproblems besteht der nächste Schritt darin, eine einzigartige Lösung zu entwickeln, die dem Benutzer einen erheblichen Mehrwert bietet. Ihr

Produkt oder Ihre Dienstleistung sollte das Problem direkt und effektiv angehen und sich so von anderen verfügbaren Lösungen unterscheiden.

Problemerkenntnisse in Lösungen umwandeln

Hier sind einige Best Practices für die Entwicklung einer einzigartigen Lösung:

1. **Nutzen Sie Ihre Fähigkeiten und Ihr Fachwissen** : Berücksichtigen Sie Ihre eigenen Fähigkeiten und Kenntnisse. Wenn Sie auf Ihre einzigartige Erfahrung zurückgreifen, können Sie sich einen Vorsprung auf dem Markt verschaffen.
2. **Innovativ sein** : Haben Sie keine Angst, über den Tellerrand hinaus zu denken. Experimentieren Sie mit neuen Technologien, Prozessen oder Geschäftsmodellen, um eine differenzierte Lösung zu schaffen, die auf Ihre Zielgruppe zugeschnitten ist.
3. **Vereinfachen** : Konzentrieren Sie sich auf die Vereinfachung der Benutzererfahrung. Zerlegen Sie das Problem in kleinere Teile und gehen Sie diese mit gezielten, leicht verständlichen Lösungen an.
4. **Iterieren** : Kontinuierliche Verfeinerung und Verbesserung Ihrer Lösung. Das Feedback von Early Adopters ist wichtig, um den Iterationsprozess reibungslos und effektiv zu gestalten.

3.3. Definieren Sie Ihre Zielgruppe

Eine klar definierte Zielgruppe ist entscheidend für den Erfolg Ihres Startups. Mit Blick auf eine bestimmte Zielgruppe können Sie die Funktionen und die Kommunikationsstrategie Ihres Produkts entsprechend anpassen, Ihre Marketingbemühungen optimieren und das Wachstumspotenzial Ihres Startups maximieren.

Eingrenzen Ihrer potenziellen Kunden

Um Ihre Zielgruppe zu definieren, gehen Sie folgendermaßen vor:

1. **Segmentieren Sie den Markt** : Beginnen Sie mit der Segmentierung des Marktes nach demografischen, psychografischen Merkmalen, Verhaltensweisen oder Bedürfnissen. Versuchen Sie, Muster oder Trends zu identifizieren, die die am stärksten von dem Problem betroffenen Benutzer verbinden.
2. **Führen Sie Benutzerforschung durch** : Führen Sie Interviews, Umfragen oder Fokusgruppen mit potenziellen Kunden durch, um ein tieferes Verständnis ihrer Bedürfnisse, Motivationen und Vorlieben im Zusammenhang mit dem Problem zu gewinnen.
3. **Entwickeln Sie Personas** : Sobald Sie Erkenntnisse über Ihre potenziellen Kunden gesammelt haben, erstellen Sie Benutzer-Personas – fiktive Charaktere, die sie repräsentieren. Geben Sie Details wie Alter, Beruf, Ziele, Schwachstellen und Vorlieben an, um ein klares Bild ihrer Bedürfnisse und Erwartungen zu zeichnen.
4. **Bestätigen Sie die Zielgruppe** : Bevor Sie Ihre Zielgruppe festlegen, stellen Sie sicher, dass diese groß genug ist, um das Wachstum Ihres Startups aufrechtzuerhalten. Informieren Sie sich über die Marktgröße, Branchentrends und das Wachstumspotenzial, um eine fundierte Entscheidung zu treffen.

Indem Sie Ihre Startup-Idee, das Problem, das sie löst, und die Lösung, die sie bietet, gründlich definieren, schaffen Sie die Voraussetzungen für ein schlankes und wirkungsvolles No-Code-MVP. Eine klar definierte Zielgruppe stellt sicher, dass Ihr Produkt bei potenziellen Kunden Anklang findet und erhöht die Erfolgswahrscheinlichkeit Ihres Startups.

Im nächsten Kapitel erfahren Sie, wie Sie ein No-Code-MVP erstellen und es mit echten Benutzern testen, um Ihre Startup-Idee schnell und effizient zu validieren.

3. Definieren Sie Ihre Startup-Idee: Das Problem, die Lösung und die Zielgruppe

3.1. Identifiziere das Problem

Bevor Sie überhaupt darüber nachdenken, ein No-Code-MVP zu erstellen, ist es wichtig, das Problem, das Sie lösen möchten, klar zu identifizieren. Dies ist die Grundlage Ihres Startups und wird alle Entscheidungen leiten, die Sie in Zukunft treffen. Stellen Sie sich zunächst die folgenden Fragen:

- Was ist das Hauptproblem, das mein Startup zu lösen versucht?
- Ist dieses Problem von einer ausreichend großen Gruppe von Menschen geteilt?
- Gibt es bereits Lösungen für dieses Problem? Wenn ja, wie kann ich sie unterscheiden oder verbessern?

Um Ihre Erfolgsaussichten zu erhöhen, sollte Ihr Problem nicht nur häufig, sondern auch dringend oder schwerwiegend sein. Erforschen Sie zunächst den Markt und sprechen Sie mit potenziellen Kunden, um Schwachstellen zu identifizieren und sicherzustellen, dass es sich lohnt, das Problem anzugehen.

3.2. Eine solide Lösung schaffen

Sobald Sie sicher sind, dass Sie das Problem klar verstehen, besteht der nächste Schritt darin, eine innovative Lösung zu entwerfen. Achten Sie darauf, sich nicht in Gebäudefunktionen zu stürzen; Konzentrieren Sie sich stattdessen darauf, das Kernproblem auf einfache und effektive Weise für Ihre Zielgruppe zu lösen. Dies wird das Wertversprechen für Ihr Startup sein.

Berücksichtigen Sie bei der Entwicklung Ihrer Lösung Folgendes:

- Was ist der einfachste Weg, das Problem anzugehen?
- Wie kann ich die Lösung skalierbar und kostengünstig gestalten?
- Welche Technologie oder No-Code-Tools kann ich nutzen, um den Prozess zu optimieren?

Bedenken Sie, dass sich Ihre ursprüngliche Lösung wahrscheinlich weiterentwickeln wird, während Sie Ihre Geschäftsidee validieren und Feedback von Ihren Benutzern einholen. Der Schlüssel liegt darin, schlank und agil zu bleiben und sich auf die Features und Funktionen zu konzentrieren, die Ihren Benutzern den größten Nutzen bieten.

3.3. Definieren Sie Ihre Zielgruppe

Jedes erfolgreiche Produkt oder jede erfolgreiche Dienstleistung hat eine genau definierte Zielgruppe – eine bestimmte Gruppe von Menschen, für die die Lösung entwickelt wurde. Je genauer Sie Ihre Zielgruppe definieren können, desto besser können Sie Ihr Angebot und Ihre Marketingbotschaften darauf abstimmen, die richtigen Menschen zu erreichen.

Berücksichtigen Sie bei der Definition Ihrer Zielgruppe Folgendes:

- Demografische Daten (Alter, Geschlecht, Einkommen, Bildung, Beruf)
- Geographie (Land, Region, Stadt)
- Psychographie (Interessen, Werte, Einstellungen)
- Verhaltensmuster (Kaufverhalten, Online-Aktivität, Produktnutzung)

Um ein tieferes Verständnis Ihrer Zielgruppe zu erlangen, können Sie User Personas erstellen – fiktive, aber detaillierte Charaktere, die Ihre idealen Kunden repräsentieren. Durch die Erstellung von Benutzerpersönlichkeiten können Sie Erkenntnisse über die Bedürfnisse, Vorlieben und Schwachstellen Ihres Publikums gewinnen und so bessere Entscheidungen über Ihre No-Code-MVP-Entwicklung treffen.

3.4. Alles zusammen: Das Wertversprechen

Mit einem klaren Verständnis des Problems, der Lösung und der Zielgruppe ist es an der Zeit, Ihr Wertversprechen zu formulieren. Dies ist eine prägnante Aussage, die prägnant und überzeugend erklärt, warum Ihr Startup einzigartig ist und welchen Mehrwert es für Ihre Kunden schafft.

Ihr Wertversprechen sollte die folgenden Fragen beantworten:

- Was ist der Hauptvorteil meines Produkts oder meiner Dienstleistung?
- Wer sind meine Zielkunden und welche Bedürfnisse haben sie?
- Wie unterscheidet sich meine Lösung von bestehenden Angeboten auf dem Markt?
- Warum sollte meine Zielgruppe meine Lösung Alternativen vorziehen?

Ein aussagekräftiges Wertversprechen zu erarbeiten ist keine leichte Aufgabe, aber es ist wichtig, Ihrem Startup eine Richtung und einen Fokus zu geben. Ein starkes Wertversprechen hebt Sie von der Konkurrenz ab, zieht Kunden an und ebnet letztendlich den Weg für Ihren No-Code-MVP-Erfolg.

3.1 Das Problem: Echte Probleme identifizieren

3.1.1 Ein echtes Bedürfnis erkennen

Einer der wichtigsten Aspekte bei der Definition Ihrer Startup-Idee ist die Identifizierung eines echten Problems, mit dem potenzielle Kunden konfrontiert sind. Denken Sie daran, dass Menschen nicht unbedingt nach neuen Produkten oder Dienstleistungen suchen; Sie wünschen sich oft Lösungen für ihre Probleme. Als Startup-Gründer besteht Ihr vorrangiges Ziel darin, die Probleme des Marktes zu entdecken und zu verstehen und innovative Wege zu finden, diese zu lindern. Hier sind einige nützliche Techniken, mit denen Sie ein echtes Bedürfnis erkennen können:

- Recherche: Informieren Sie sich über Branchenberichte, lesen Sie wissenschaftliche Arbeiten oder nehmen Sie an Foren mit Bezug zu Ihrer Branche teil, um Einblicke in die vorherrschenden Probleme zu erhalten, mit denen die Zielgruppe konfrontiert ist.
- Sprechen Sie mit Ihrer Zielgruppe: Befragen Sie tatsächliche Personen, bei denen das Problem auftritt. Nehmen Sie Verständnis für die Herausforderungen auf, mit denen sie konfrontiert sind, und bemühen Sie sich, das Ausmaß der Auswirkungen auf ihr tägliches Leben zu verstehen.
- Beobachten Sie das Nutzerverhalten: Analysieren und interpretieren Sie, wie Menschen aktuell auf das Problem reagieren. Diese Studie wird Ihnen helfen, die Strategien zu verstehen, die sie im Vergleich zu den Tools verwenden, die ihnen fehlen.

3.1.2 Quantifizierung des Problems

Nachdem das Problem identifiziert und verstanden wurde, ist es wichtig, seine Bedeutung einzuschätzen. Durch die genaue Quantifizierung des Problems können Sie die potenzielle Marktgröße Ihrer Lösung abschätzen und den zukünftigen Wert Ihres Startups abschätzen.

- Auswirkung: Messen Sie das Ausmaß der Reichweite des Problems, unabhängig davon, ob es das tägliche Leben einer Person, die Effizienz einer Organisation oder eine breitere Branche betrifft.
- Häufigkeit: Bestimmen Sie, wie oft das Problem auftritt, um die Dringlichkeit und Wichtigkeit der Lösung besser zu verstehen.
- Kosten: Schätzen Sie den monetären Wert des Problems in Bezug auf entstandene Verluste oder entgangene Vorteile und liefern Sie so einen

konkreten Indikator für die Nachfrage nach der Lösung.

3.2 Die Lösung: Ein überzeugendes Angebot erstellen

3.2.1 Ideen generieren

Sobald Sie das Problem identifiziert und quantifiziert haben, ist es an der Zeit, innovative Lösungen zu entwickeln. Hier sind einige Anregungen, die Ihnen dabei helfen, Ihre Kreativität anzukurbeln:

- Können bestehende Produkte oder Dienstleistungen verbessert werden, um das Problem effizienter zu lösen?
- Gibt es angrenzende Märkte, in denen Lösungen zur Lösung des Problems angepasst werden könnten?
- Können Sie modernste Technologien integrieren, um eine einzigartige Lösung zu schaffen?

Versuchen Sie beim Brainstorming, über herkömmliche Ansätze hinauszudenken und ein Umfeld der Ideengenerierung ohne Wertung zu schaffen, in dem Sie alle möglichen Ideen berücksichtigen, bevor Sie sie eingrenzen.

3.2.2 Validierung von Ideen

Das Generieren mehrerer Lösungsideen ist großartig, aber es ist wichtig, sicherzustellen, dass diese Ideen realisierbar sind, bevor man weitermacht. Validieren Sie Ihre Konzepte, indem Sie Folgendes berücksichtigen:

- Einzigartigkeit: Analysieren Sie die Konkurrenz und beurteilen Sie, wie sich Ihre Idee von bestehenden Lösungen unterscheidet.
- Umsetzung: Bewerten Sie die technische und betriebliche Machbarkeit der Umsetzung der Idee.
- Marktattraktivität: Überprüfen Sie, ob Ihre Zielgruppe die Idee ansprechend findet und bereit ist, dafür zu zahlen.

3.3 Die Zielgruppe: Definieren Sie Ihren idealen Kunden

3.3.1 Segmentierung

Wenn Sie Ihre Zielgruppe identifizieren und verstehen, können Sie Ihre Lösung direkt auf deren Bedürfnisse und Vorlieben zuschneiden. Segmentieren Sie den Markt nach verschiedenen Dimensionen, z. B. nach Demografie, Psychografie und Verhaltensmustern. Hier sind einige Schlüsselfaktoren, die Sie berücksichtigen sollten:

- Alter
- Geschlecht
- Industrie
- Stellenbeschreibung
- Geografische Position
- Einkommen
- Interessen und Hobbys
- Schmerzpunkte und Bedürfnisse

3.3.2 Kunden-Personas erstellen

Kundenpersönlichkeiten sind semi-fiktionale Darstellungen Ihrer idealen Kunden, die aus Ihren Marktforschungen und

Daten synthetisiert werden. Das Entwerfen detaillierter Personas kann Ihnen dabei helfen:

- Schaffen Sie Empathie zwischen dem Startup-Team und potenziellen Kunden.
- Passen Sie die Botschaft und das Branding Ihres Produkts effektiv an.
- Testen und validieren Sie spezifische Features und Funktionalitäten basierend auf den Präferenzen der Persona.

Stellen Sie bei der Erstellung von Kundenpersönlichkeiten sicher, dass diese repräsentativ für Ihre Zielgruppe sind, und berücksichtigen Sie mehrere Szenarien, um ein umfassenderes Verständnis der Endbenutzer zu erhalten.

3.3.3 Priorisierung von Personas

Während sich Ihr Startup weiterentwickelt, ist es schwierig, auf jede Person einzugehen, insbesondere wenn Ressourcen und Zeit begrenzt sind. Daher ist es wichtig, die wertvollsten und erreichbarsten Personas zu priorisieren. Bewerten Sie die potenziellen Auswirkungen jeder Persona auf Ihr Unternehmen und berücksichtigen Sie dabei Faktoren wie:

- Größe des Marktsegments
- Zugänglichkeit in Bezug auf Marketing- und Vertriebskanäle
- Die Bereitschaft und Fähigkeit, Ihre Lösung zu kaufen

Indem Sie sich auf die wichtigsten Kundenpersönlichkeiten konzentrieren, können Sie Ressourcen und Anstrengungen effektiv zuweisen und gleichzeitig eine Produktmarktanpassung aufbauen.

Zusammenfassend lässt sich sagen, dass die Definition Ihrer Startup-Idee ein gründliches Verständnis des Problems, die Ausarbeitung einer überzeugenden Lösung und die Identifizierung Ihres idealen Kunden umfasst. Wenn Sie diese entscheidenden Schritte befolgen, sind Sie auf dem besten Weg, ein skalierbares, erfolgreiches No-Code-MVP aufzubauen, das Ihrer Zielgruppe einen echten Mehrwert bietet.

3.1 Das Problem identifizieren: Der Kern Ihrer Startup-Idee

Bei jedem erfolgreichen Startup geht es um die Lösung eines Problems oder die Erfüllung eines Bedarfs. Unabhängig davon, ob Sie ein Produkt entwickeln oder eine Dienstleistung anbieten, beginnt alles damit, das Problem zu verstehen, bevor Sie sich mit der möglichen Lösung befassen. Als Grundlage Ihres Startups sollte das Problem nicht nur klar und prägnant sein, sondern auch relevant und wichtig für Ihre Zielgruppe.

Warum ist es wichtig, das Problem zu identifizieren?

Die Definition des Problems ist von entscheidender Bedeutung, da sie den Grundstein für den Rest Ihres No-Code-MVP-Prozesses legt. Es bietet einen messerscharfen Fokus auf das, was Sie erreichen möchten, und hilft Ihnen, innovative Lösungen zu finden. Es spielt auch eine entscheidende Rolle bei der Definition Ihrer Zielgruppe und der Kommunikation des einzigartigen Wertversprechens Ihres Startups.

3.1.1 Das Problem verstehen

Um das Problem zu verstehen, stellen Sie sich zunächst die folgenden Fragen:

1. **Welches Problem versuchen Sie zu lösen?** Geben Sie das von Ihnen identifizierte Problem deutlich an und erläutern Sie, warum es von Bedeutung ist.
2. **Wer ist derzeit mit diesem Problem konfrontiert?** Identifizieren Sie die Personen oder Organisationen, die mit dem Problem zu kämpfen haben, das Sie angehen möchten.
3. **Wie versucht man derzeit, dieses Problem zu lösen?** Analysieren Sie bestehende Lösungen auf dem Markt und identifizieren Sie deren Ineffizienzen und Einschränkungen.

Sie können die Antworten entweder aufschreiben oder eine Mindmap erstellen, um das Problem visuell zu untersuchen und zu konzeptualisieren. Stellen Sie in jedem Fall sicher, dass Sie Ihr Verständnis des Problems während des No-Code-MVP-Entwicklungsprozesses noch einmal durchdenken und verfeinern.

3.1.2 Validieren Sie das Problem

Sobald Sie das Problem klar verstanden haben, ist es wichtig, es zu validieren, um sicherzustellen, dass es sich lohnt, Zeit und Ressourcen in die Entwicklung einer Lösung zu investieren. Die Validierung des Problems bedeutet die Bestätigung, dass das Problem tatsächlich existiert und eine große Zielgruppe betrifft, die bereit ist, für eine Lösung zu zahlen.

Um das Problem zu validieren, ziehen Sie die folgenden Ansätze in Betracht:

1. **Führen Sie Marktforschung durch:** Führen Sie umfangreiche Recherchen durch, um Branchendaten, Trends und Bewertungen von Ihrer Zielgruppe, Wettbewerbern und Branchenexperten zu sammeln.
2. **Sprechen Sie mit potenziellen Kunden:** Befragen Sie Ihre Zielgruppe, um Einblicke in deren Schwachstellen, Bedürfnisse und Vorlieben im Zusammenhang mit dem Problem zu erhalten.
3. **Testen Sie bestehende Lösungen:** Nutzen Sie bestehende Produkte oder Dienstleistungen, die versuchen, das Problem zu lösen, um zu sehen, ob sie wirksam sind und wo sie unzureichend sind.
4. **Führen Sie Umfragen und Fragebögen durch:** Sammeln Sie Feedback von potenziellen Benutzern zu ihren Erfahrungen mit dem Problem und was sie von einer idealen Lösung erwarten.

Validieren Sie das Problem, indem Sie konkrete Beweise sammeln, die seine Auswirkungen und Bedeutung für Ihre Zielgruppe belegen.

3.2 Die Lösung erarbeiten: Ihr einzigartiges Wertversprechen

Nachdem Sie das Problem nun definiert und validiert haben, ist es an der Zeit, Ihre Lösung zu erarbeiten. Hier müssen Sie darüber nachdenken, welches einzigartige Wertversprechen Ihr Startup Ihrer Zielgruppe bietet. Mit anderen Worten: Inwiefern unterscheidet sich Ihr Produkt oder Ihre Dienstleistung von bestehenden Lösungen?

3.2.1 Die Lösung artikulieren

Um Ihre Lösung klar und prägnant zu definieren, beantworten Sie die folgenden Fragen:

1. **Was ist Ihr Produkt oder Ihre Dienstleistung?** Beschreiben Sie Ihre Lösung in einfachen und klaren Worten.
2. **Wie geht Ihre Lösung mit dem Problem um?** Erklären Sie, wie Ihr Produkt oder Ihre Dienstleistung zur Lösung des Problems und zur Linderung von Schmerzpunkten beiträgt.
3. **Was macht Ihre Lösung einzigartig?** Identifizieren Sie die einzigartigen Merkmale, Funktionen oder Vorteile, die Ihre Lösung von bestehenden Optionen auf dem Markt unterscheiden.

Beschreiben Sie die Schlüsselaspekte Ihrer Lösung genau, da dies Ihnen hilft, sie in den weiteren Phasen der MVP-Entwicklung und des MVP-Marketings klar zu kommunizieren.

3.2.2 Verfeinerung der Lösung

Manchmal ist Ihre ursprüngliche Lösung möglicherweise nicht perfekt oder gar machbar. Daher ist es wichtig, Ihre Lösung auf der Grundlage des Feedbacks zu verfeinern, das Sie von Ihrer Zielgruppe und anderen Stakeholdern erhalten. Erwägen Sie die Durchführung einer weiteren Runde von Interviews, Umfragen oder sogar die Erstellung eines einfachen Prototyps, um Feedback zu sammeln, das Ihnen bei der Verbesserung Ihrer Lösung hilft.

3.3 Identifizieren Ihrer Zielgruppe: Wer profitiert von Ihrer Lösung?

Ein entscheidender Aspekt bei der Definition Ihrer Startup-Idee ist die Identifizierung der Zielgruppe – der Gruppe von Personen oder Organisationen, die den größten Nutzen aus Ihrer Lösung ziehen. Ihre Zielgruppe ist die Gruppe, auf die Sie Ihre Marketing- und Produktentwicklungsbemühungen konzentrieren sollten.

3.3.1 Segmentierung der Zielgruppe

Bei der Identifizierung Ihrer Zielgruppe ist es wichtig, so spezifisch wie möglich zu sein und sich auf bestimmte demografische Merkmale, Branchen oder andere definierende Merkmale zu konzentrieren. Erwägen Sie die Segmentierung Ihrer Zielgruppe in detailliertere Gruppen basierend auf:

1. **Demografische Daten:** Alter, Geschlecht, Bildungsniveau, Familienstand usw.
2. **Geografischer Standort:** Land, Region, Stadt oder Klima.
3. **Psychographie:** Persönlichkeitsmerkmale, Werte, Hobbys und Lebensstilpräferenzen.
4. **Verhaltensmerkmale:** Ausgabegewohnheiten, Markentreue, Produktnutzungsmuster usw.

Durch die Segmentierung Ihrer Zielgruppe sind Sie besser in der Lage, ein effektiveres No-Code-MVP zu entwickeln, Ihre Marketingstrategien anzupassen und den einzigartigen Wert Ihrer Lösung einem aufgeschlossenen Markt zu vermitteln.

3.3.2 Validierung Ihrer Zielgruppe

Ähnlich wie bei der Validierung des Problems ist es wichtig zu validieren, dass die von Ihnen identifizierte Zielgruppe aktiv nach einer Lösung sucht und bereit ist, dafür zu zahlen. Validieren Sie Ihre Zielgruppe, indem Sie dieselben

Methoden anwenden, die auch zur Problemvalidierung verwendet werden, z. B. durch die Durchführung von Interviews, die Durchführung von Umfragen und die Untersuchung der Konkurrenz.

Zusammenfassend lässt sich sagen, dass die Definition Ihrer Startup-Idee eine tiefe Konzentration auf das Verständnis des Problems, die Ausarbeitung einer innovativen Lösung und die Identifizierung Ihrer Zielgruppe erfordert. Während Sie den No-Code-MVP-Entwicklungsprozess durchlaufen, sollten Sie darauf vorbereitet sein, Ihre Startup-Idee auf der Grundlage von Feedback und neuen Erkenntnissen zu iterieren und zu verfeinern. Denken Sie daran, dass Startups dynamisch sind und die ständige Anpassung an neue Informationen entscheidend für den Erfolg ist.

3.1 Das Problem: Den Bedarf ermitteln

Einer der wichtigsten Aspekte bei der Gründung eines erfolgreichen Unternehmens ist die Identifizierung eines Problems, das gelöst werden muss. Ein Problem stellt eine Lücke zwischen dem aktuellen Zustand und einem gewünschten Zustand dar, und Ihre Startup-Idee ist Ihr Ansatz, diese Lücke mit einer innovativen Lösung zu schließen.

Um das Problem zu definieren, das Sie lösen möchten, können Sie mit den folgenden Fragen beginnen:

- *Welchen Schmerzpunkt oder welches Problem versuchen wir zu lösen?* Seien Sie konkret und prägnant, da dies Ihnen hilft, das Problem zu konkretisieren und es nachvollziehbarer zu machen.
- *Wessen Problem ist es?* Die genaue Identifizierung Ihrer Zielgruppe hilft Ihnen, den Umfang des

Problems und die potenzielle Nachfrage nach Ihrem
Produkt oder Ihrer Lösung zu verstehen.
- *Wie wird das Problem derzeit angegangen?*
  Recherchieren Sie die bestehende Landschaft, um
  Konkurrenten, ergänzende Angebote oder sogar
  potenzielle Partner zu identifizieren.
- *Wo liegen die Grenzen der bestehenden Lösungen?*
  Dies können Kosten, Effizienz, Skalierbarkeit oder
  sogar Unannehmlichkeiten sein. Das Erkennen der
  Mängel aktueller Lösungen hilft Ihnen zu verstehen,
  was Kunden möglicherweise von einer besseren
  Alternative erwarten.

Denken Sie daran, dass nicht alle Probleme gleich sind –
einige Probleme können von der Mehrheit der Menschen
täglich erlebt werden, während andere möglicherweise nur
eine Nischengruppe betreffen. Ihre Aufgabe besteht darin,
festzustellen, ob das von Ihnen identifizierte Problem so
schwerwiegend ist, dass die Leute für Ihre vorgeschlagene
Lösung bezahlen würden.

3.2 Die Lösung: Vorschlagen Ihres innovativen Ansatzes

Sobald Sie das Problem definiert haben, können Sie mit der
Verfeinerung Ihrer Startup-Idee beginnen, indem Sie eine
einzigartige, praktikable und attraktive Lösung entwickeln.
Dabei geht es darum, kreative Lösungsansätze für das
Problem zu finden, die den bestehenden Alternativen
überlegen sind. Berücksichtigen Sie die folgenden Faktoren,
um Ihren Lösungsvorschlag zu stärken:

- *Was ist Ihr Wertversprechen?* Ihr Wertversprechen ist
  eine klare Darstellung der Vorteile, die Ihr Produkt
  oder Ihre Dienstleistung bietet, und es sollte der

Hauptgrund dafür sein, dass potenzielle Kunden Ihre Lösung der eines Mitbewerbers vorziehen würden.
- *Inwiefern unterscheidet sich Ihre Lösung von bestehenden Alternativen?* Denken Sie über die Merkmale und Elemente Ihres Produkts oder Ihrer Dienstleistung nach, die es von anderen Angeboten unterscheiden.
- *Gibt es Eintrittsbarrieren für Wettbewerber?* Identifizieren Sie potenzielle Wettbewerbsvorteile, die es anderen erschweren würden, Ihre Idee zu reproduzieren.

Denken Sie daran, dass Ihre Lösung nicht perfekt sein muss, um mit der Validierung Ihrer Startup-Idee zu beginnen – der Validierungsprozess wird Ihnen natürlich dabei helfen, Ihr Angebot zu verfeinern und zu optimieren. Beginnen Sie mit einem Minimum Viable Product (MVP) – der grundlegendsten Version Ihres Produkts – und nutzen Sie das Feedback, um es im weiteren Verlauf zu iterieren und zu verbessern.

3.3 Die Zielgruppe: Ihre Kunden verstehen

Das Verständnis Ihrer Zielgruppe ist aus vielen Gründen von entscheidender Bedeutung, von der effektiven Vermarktung Ihres Produkts bis hin zur Weiterentwicklung und Verfeinerung Ihres Angebots auf der Grundlage von Kundenfeedback. Um herauszufinden, wem genau Sie dienen werden, berücksichtigen Sie die Merkmale derjenigen, die mit dem Problem konfrontiert sind, das Sie lösen möchten.

Beginnen Sie mit der Beantwortung dieser Fragen:

- *Wer ist am stärksten von dem Problem betroffen?* Dabei kann es sich um eine bestimmte Bevölkerungsgruppe, Branche oder ein bestimmtes geografisches Gebiet handeln.
- *Welche anderen Eigenschaften teilen Ihre potenziellen Kunden?* Dies kann ihre Gewohnheiten, Vorlieben oder Werte umfassen und Ihnen helfen, ihre Bedürfnisse und Wünsche besser zu verstehen.
- *Was motiviert Ihre Zielgruppe?* Mit anderen Worten: Was ist ihnen am wichtigsten, wenn es um das Problem geht, das Sie lösen möchten?
- *Wo finden Sie Ihre Zielgruppe?* Zu wissen, wo Ihre Zielgruppe ihre Zeit verbringt – online oder offline – ist von unschätzbarem Wert, wenn Sie sie mit Ihren Marketingbemühungen erreichen möchten.

Sobald Sie Ihre Zielgruppe genau kennen, können Sie mit der Erstellung von Personas beginnen – fiktiven Charakteren, die die Eigenschaften und Eigenschaften Ihrer idealen Benutzer verkörpern. Nutzen Sie diese Personas als hilfreiche Referenz während der Produktentwicklung und des Marketings, um sicherzustellen, dass Ihre Botschaften bei Ihren Kunden Anklang finden und Ihre Lösung deren Anforderungen erfüllt.

Zusammenfassend bedeutet die erfolgreiche Definition Ihrer Startup-Idee, dass Sie das zu lösende Problem klären, eine einzigartige und innovative Lösung vorschlagen und Ihre Zielgruppe identifizieren. Wenn diese Elemente vorhanden sind, verfügen Sie über eine solide Grundlage, um mit der Validierung Ihrer Idee und der Iteration Ihres MVP zu beginnen, um Erfolg zu haben.

4. Gestaltung einer überzeugenden Benutzererfahrung: Prototyping und Produktdesign

Wireframes und Mockups: Visualisieren Sie Ihr Produkt

Bevor Sie sich für die Erstellung Ihres Prototyps mit No-Code-Tools befassen, ist es wichtig, dass Sie sich die Zeit nehmen, darüber nachzudenken, wie Ihr Produkt aussehen und sich anfühlen wird und wie Ihre Benutzer damit interagieren werden. Dazu müssen Sie mit **Wireframes und Mockups beginnen** . Diese einfachen, oft schwarz-weißen Skizzen oder Diagramme ersparen Ihnen unzählige Stunden bei der Entwicklung, da sie eine visuelle Darstellung Ihrer App oder Ihres Produkts bieten.

Wireframes

Der Hauptzweck der Erstellung von Wireframes besteht darin, die Gesamtstruktur und die Komponenten Ihrer App oder Ihres Produkts darzustellen. Sie sind wie die „Blaupausen" für Ihren zukünftigen Prototyp. Wireframes bieten mehrere Vorteile:

- Sie helfen Ihnen, im Voraus zu visualisieren, welche Komponenten Sie für jeden Teil Ihrer App oder Website benötigen.
- Da es bei Wireframes nicht um die Ästhetik geht, können Sie sich auf Funktionalität und Interaktivität konzentrieren.
- Wireframes lassen sich schnell erstellen und einfach aktualisieren, sodass Sie Ihr Design schnell iterieren und bei Bedarf Feedback erhalten können.

Es gibt viele Tools zum Erstellen von Wireframes – sowohl kostenlose als auch kostenpflichtige. Zu den beliebten Optionen gehören Sketch, Figma, Balsamiq Mockups und Adobe XD. Unabhängig davon, welches Tool Sie verwenden, denken Sie daran, dass der Zweck eines Wireframes darin besteht, die Grundelemente Ihrer App darzustellen, und nicht darin, das Ganze zu entwerfen.

Modelle

Während Wireframes die Struktur und Komponenten definieren, fügen Mockups diesen Strukturen eine visuelle Ebene hinzu. Mockups sind detaillierter als Wireframes und repräsentieren das Erscheinungsbild Ihres Produkts oder Ihrer App – einschließlich Farben, Typografie, Symbolen und Bildern. Sie sind nützlich für:

- Bietet eine realistischere Darstellung Ihrer App und erleichtert so die Kommunikation und den Austausch mit anderen
- Wir helfen Ihnen, Inkonsistenzen in Ihrem Design zu erkennen und potenzielle Probleme zu entdecken, bevor mit der eigentlichen Entwicklung begonnen wird
- Klärung aller Annahmen, die Sie über die Benutzeroberfläche oder das Gesamtdesign Ihrer App getroffen haben

Wie bei Wireframes stehen auch für die Erstellung von Mockups zahlreiche Tools zur Verfügung. Zu den beliebtesten Optionen gehören Sketch, Figma, Adobe XD und InVision. Denken Sie beim Erstellen Ihrer Modelle daran, dass sie ein klares Bild davon vermitteln sollen, wie das Endprodukt aussehen wird. Nehmen Sie sich also die Zeit, jeden visuellen Aspekt sorgfältig zu prüfen.

Erstellen eines Benutzerflusses

Nachdem Sie Wireframes und Mockups erstellt haben, besteht der nächste Schritt darin, den Benutzerfluss abzubilden: im wahrsten Sinne des Wortes die Schritte, die Benutzer unternehmen, um durch Ihre App oder Ihr Produkt zu navigieren. Das Hauptziel beim Entwerfen von Benutzerflüssen besteht darin, sicherzustellen, dass Ihr Produkt von Anfang bis Ende ein reibungsloses Erlebnis bietet.

Führen Sie die folgenden Schritte aus, um einen Benutzerfluss zu erstellen:

1. **Definieren Sie die Ziele:** Schreiben Sie die primären Ziele oder Aufgaben auf, die Benutzer mit Ihrer App ausführen sollen, z. B. sich anmelden, ein Produkt kaufen oder Informationen finden.
2. **Listen Sie die Schritte auf:** Schreiben Sie für jedes Ziel die detaillierten Schritte auf, die Benutzer unternehmen müssen, um ihre Ziele zu erreichen.
3. **Erstellen Sie ein Flussdiagramm:** Stellen Sie die Benutzerreise visuell dar, indem Sie ein einfaches Flussdiagramm erstellen, das jeden Schritt im Gesamtprozess verknüpft. Verwenden Sie Pfeile und Entscheidungspunkte, um Verbindungen oder Verzweigungspfade anzuzeigen.
4. **Identifizieren Sie potenzielle Probleme:** Überprüfen Sie Ihr Flussdiagramm und identifizieren Sie mögliche Hindernisse, verwirrende Momente oder unnötige Schritte. Suchen Sie nach Möglichkeiten, die Benutzererfahrung zu vereinfachen oder intuitiver zu gestalten.

Sobald Sie Ihren Benutzerfluss abgeschlossen haben, ist es an der Zeit, Ihre Wireframes und Mockups zu verbinden, um ein umfassenderes Verständnis des Designs Ihres Produkts zu schaffen. Diese miteinander verbundene Gruppe von

Dokumenten kann als **UI/UX-Kit** Ihres Produkts bezeichnet werden .

Erwecken Sie Ihr Design zum Leben: Erstellen eines interaktiven Prototyps

Nachdem Sie nun ein klares Verständnis der Kernkomponenten und des Benutzererlebnisses Ihrer App oder Ihres Produkts haben, ist es an der Zeit, es interaktiv zu gestalten. Ein interaktiver Prototyp ist ein wichtiger Schritt im Prozess der Erstellung und Validierung Ihrer Startup-Idee, da er Ihnen ermöglicht, herauszufinden und zu testen, wie Ihre App funktioniert und wie Benutzer damit interagieren. Mit einem funktionsfähigen Prototyp können Sie Feedback einholen und notwendige Änderungen vornehmen, bevor Sie Ressourcen für die vollständige Entwicklung bereitstellen.

Beim Erstellen eines interaktiven Prototyps ist der No-Code-Ansatz praktisch. Es stehen zahlreiche No-Code-Tools zur Verfügung, mit denen Sie schnell funktionale Prototypen erstellen können, die auf verschiedenen Geräten getestet werden können. Zu den beliebten No-Code-Prototyping-Tools gehören InVision, Framer, Webflow und Bubble. Jedes hat seine eigenen Eigenschaften und Einschränkungen. Stellen Sie daher sicher, dass Sie dasjenige auswählen, das Ihren Anforderungen am besten entspricht.

Während Sie Ihren Prototyp mit dem von Ihnen gewählten No-Code-Tool erstellen, verwenden Sie Ihre Wireframes und Ihr UI/UX-Kit als Anleitung beim Hinzufügen von Komponenten und beim Entwerfen des Layouts. Achten Sie dabei darauf, dass die Benutzerfreundlichkeit und das Benutzererlebnis im Vordergrund stehen.

Sobald Ihr Prototyp fertig ist, ist es an der Zeit, ihn mit echten Benutzern zu testen. Teilen Sie den Link zu Ihrem Prototyp mit einer vielfältigen Gruppe von Personen und ermutigen Sie sie, potenzielle Probleme oder Verbesserungsbereiche zu erkunden, zu interagieren und zu entdecken. Idealerweise sollten Sie Ihren Prototyp mit Benutzern testen, die zu Ihrer Zielgruppe passen, um möglichst genaues und relevantes Feedback zu erhalten.

Validieren und iterieren: Testen Sie Ihren Prototyp und sammeln Sie Feedback

Wenn Ihr Prototyp in den Händen Ihrer Tester ist, sollte Ihre Hauptpriorität darin bestehen, Feedback zu sammeln und auszuwerten. Tester können versteckte Probleme identifizieren, Verbesserungen vorschlagen oder Funktionen offenbaren, die für ihre Benutzererfahrung wesentlich sind. Dieses Feedback wird Sie letztendlich bei der Verfeinerung und Iteration Ihres Produktdesigns unterstützen.

Beachten Sie beim Sammeln von Feedback die folgenden Tipps:

- Bieten Sie Benutzern eine klare Möglichkeit, ihre Gedanken mitzuteilen, z. B. ein Feedback-Formular, eine E-Mail-Adresse oder eine Chat-Funktion.
- Ermutigen Sie zu ehrlichem Feedback und suchen Sie sowohl nach positivem als auch nach negativem Input.
- Vermeiden Sie Leitfragen, die die Ergebnisse verzerren oder die Meinung der Tester beeinflussen könnten.
- Machen Sie sich Notizen, zeichnen Sie Beobachtungen auf und stellen Sie Ihre Ergebnisse für eine spätere Analyse zusammen.

Nachdem Sie das Feedback Ihrer Tester eingeholt haben, identifizieren Sie die häufigsten oder dringendsten Probleme, priorisieren und kategorisieren Sie sie und beginnen Sie mit der Iteration Ihres Designs, um diese Bedenken auszuräumen. Dieser Prozess kann die Aktualisierung von Wireframes, die Neugestaltung von Modellen und die Änderung von Benutzerabläufen umfassen. Dabei bleibt der Fokus auf der Schaffung einer nahtlosen, intuitiven Benutzererfahrung, die auf die tatsächlichen Schwachstellen, Wünsche und Erwartungen Ihrer Zielgruppe eingeht.

Denken Sie daran, dass die Entwicklung und Validierung einer Startup-Idee ein fortlaufender Prozess des Lernens, der Iteration und der Verbesserung ist. Um erfolgreich zu sein, müssen Sie Ihre App oder Ihr Produkt basierend auf Benutzerfeedback und sich ändernden Marktbedingungen ständig weiterentwickeln. Durch die Nutzung der Leistungsfähigkeit von No-Code-Tools und -Techniken können Sie Ihren Prototyp schnell anpassen und verbessern und so sicherstellen, dass Sie immer auf dem richtigen Weg sind, um eine Produktmarktanpassung zu erreichen.

4.1 Prototyping und Produktdesign: Wichtige Schritte zum Erstellen eines No-Code-MVP mit außergewöhnlicher UX

Wenn Sie ein No-Code MVP (Minimum Viable Product) erstellen, versuchen Sie nicht nur, etwas Funktionales zu schaffen – Ihr Ziel ist es, ein Angebot zu entwickeln, das so unwiderstehlich ist, dass Benutzer es gerne ausprobieren, es gerne verwenden und es kaum erwarten können ihren Freunden davon zu erzählen. Um dies zu erreichen, müssen Sie ein Produkt mit einer außergewöhnlichen

Benutzererfahrung (UX) entwerfen. Die folgenden Schritte führen Sie durch den Prozess der Erstellung eines No-Code-MVP, der genau das bietet.

4.1.1 Verstehen Sie Ihre Benutzer

Bevor Sie überhaupt mit dem Entwurf Ihres MVP beginnen, müssen Sie wissen, für wen Sie entwerfen. Wenn Sie Ihre Zielgruppe, ihre Verhaltensweisen, Vorlieben und Schwachstellen verstehen, können Sie ein Angebot entwerfen, das bei ihnen wirklich Anklang findet. Beginnen Sie mit den folgenden Techniken:

- **Personas:** Erstellen Sie fiktive Charaktere, die Ihre idealen Benutzer repräsentieren – wer sie sind, was sie tun, was ihnen wichtig ist und was ihre Ziele sind.
- **Empathiekarten:** Verwenden Sie diese, um die Gedanken, Emotionen und Erfahrungen der Benutzer zu erfassen und Ihnen dabei zu helfen, sich in ihre Bedürfnisse hineinzuversetzen.
- **User Journey Mapping:** Identifizieren Sie die verschiedenen Phasen, die Ihre Benutzer bei der Interaktion mit Ihrem Produkt durchlaufen, sowie die Emotionen und Aktionen, die sie in jeder Phase ausführen.

4.1.2 Definieren Sie das Problem

Ihr MVP sollte ein spezifisches Problem lösen oder ein klares Bedürfnis Ihrer Zielgruppe erfüllen. Um dies zu definieren:

- Identifizieren Sie die größten Schwachstellen oder unerfüllten Bedürfnisse im Leben Ihrer Benutzerpersönlichkeiten.

- Führen Sie Benutzerrecherchen, Interviews oder Umfragen durch, um das Problem zu validieren und die Perspektiven der Benutzer besser zu verstehen.
- Formulieren Sie klar und deutlich das Problem, das Sie lösen möchten, und schaffen Sie einen Konsens innerhalb Ihres Teams.

4.1.3 Konzipieren Sie Ihre Lösung

Nachdem Sie nun Ihre Benutzer und ihre Herausforderungen verstanden haben, können Sie mit dem Brainstorming möglicher Lösungen beginnen. Folgendes berücksichtigen:

- Skizzieren oder notieren Sie mögliche Funktionen und Benutzerabläufe, die das Problem lösen.
- Validieren Sie Ihre Lösung mit echten Benutzern – führen Sie Interviews durch und analysieren Sie deren Reaktionen, um festzustellen, ob Ihre Lösung wirklich ihren Anforderungen entspricht.
- Verfeinern und iterieren Sie Ihre Lösung auf der Grundlage des Feedbacks, um sicherzustellen, dass sie wirklich auf die Schwachstellen der Benutzer eingeht.

4.1.4 Wireframes erstellen

Bevor Sie Ihr MVP erstellen, visualisieren Sie das Endprodukt, indem Sie Wireframes erstellen. Diese einfachen, skizzenartigen Darstellungen zeigen das Layout und die wichtigsten Funktionen Ihrer App oder Website.

- Verwenden Sie ein Wireframing-Tool ohne Code, um Wireframes für jeden Schritt Ihres Benutzerflusses zu erstellen.

- Stellen Sie sicher, dass Ihre Wireframes auf die Bedürfnisse der Benutzer ausgerichtet sind und Ihre Lösung klar darstellen.
- Validieren Sie Ihre Wireframes mit Benutzern und beziehen Sie deren Feedback ein, um UX zu verbessern.

4.1.5 Prototyp und Test

Nachdem Sie die Wireframes zur Hand haben, ist es an der Zeit, sie in einen anklickbaren Prototypen umzuwandeln – eine realistische Darstellung Ihres Endprodukts. Während hier vollwertige No-Code-Tools verwendet werden können, erwägen Sie die Verwendung eines speziellen Prototyping-Tools, um den Prozess zu optimieren.

- Verwenden Sie ein Prototyping-Tool ohne Code, um Ihre Wireframes in einen vollständig interaktiven Prototypen umzuwandeln.
- Verfeinern Sie Ihren Prototyp basierend auf Benutzertests und Feedback.
- Wiederholen Sie Ihr Design, testen und verfeinern Sie es, bis Sie ein Produkt haben, das die Benutzer lieben.

4.1.6 Wählen Sie die richtigen No-Code-Tools

Für die Erstellung von MVPs stehen verschiedene No-Code-Tools zur Verfügung, und die Auswahl der richtigen Tools ist entscheidend für die Erstellung einer nahtlosen UX. Berücksichtigen Sie bei der Auswahl der Werkzeuge die folgenden Faktoren:

- Tool-Funktionen und -Einschränkungen – stellen Sie sicher, dass die ausgewählten Tools die

erforderlichen Funktionen und Integrationen
bewältigen können.

- Kosteneffizienz, Skalierbarkeit und mögliche
zukünftige Iterationen.
- Community-Support und Online-Ressourcen zur
Fehlerbehebung und zum Lernen.

4.1.7 Erstellen Sie Ihr MVP

Mit einem streng getesteten Prototyp und den richtigen No-
Code-Tools sind Sie bereit, Ihr MVP zu erstellen.

- Verwenden Sie die ausgewählten No-Code-Tools, um
Produktfunktionen, Designelemente und
Benutzerabläufe zu implementieren.
- Kontinuierliche Tests und Iterationen während des
Entwicklungsprozesses.
- Bereiten Sie Ihr MVP für den Start vor (Einreichen bei
App Stores, Bereitstellen Ihrer Website usw.).

4.1.8 Feedback einholen und iterieren

Ihre Arbeit endet nicht mit dem MVP-Launch. Sie müssen
weiterhin Benutzerfeedback sammeln, Daten analysieren
und Ihr Angebot verbessern.

- Erfassen Sie Benutzerfeedback durch Umfragen,
Interviews, Analysen, Usability-Tests usw.
- Identifizieren Sie Verbesserungsbereiche oder neue
Funktionen, die UX verbessern.
- Nutzen Sie die gewonnenen Erkenntnisse, um Ihr
MVP zu aktualisieren und zu optimieren und iterieren
Sie, bis Sie die Produkt-Markt-Passform erreicht
haben.

Wenn Sie diese Schritte befolgen, verwandeln Sie eine Idee in ein überzeugendes No-Code-MVP, das ein herausragendes Benutzererlebnis bietet, Benutzer begeistert und gleichzeitig Ihre Startup-Idee zum Leben erweckt.

4.1. Prototyping und Produktdesign: Ein tiefer Einblick

Der Designprozess ist ein integraler Bestandteil der Entwicklung jedes Produkts, sei es greifbar oder digital. Es ist die Phase, in der die Konzepte und Ideen in Ihrem Kopf in die Realität umgesetzt werden und es Ihnen ermöglicht, die Benutzererfahrung zu verfeinern und zu validieren, bevor Sie Zeit und Ressourcen in die Entwicklung des Produkts investieren. Beim „No-Code MVP"-Ansatz sind Prototyping und Produktdesign besonders nützlich, um repräsentative Prototypen zu erstellen, die es Ihnen ermöglichen, bei Bedarf einfacher zu iterieren und zu wechseln. In diesem Unterabschnitt tauchen wir tiefer in die Welt des Prototyping und Produktdesigns ein und wie diese zur Schaffung überzeugender Benutzererlebnisse beitragen.

4.1.1. Die Ziele des Prototyping verstehen

Das Hauptziel des Prototyping besteht darin, eine visuelle Darstellung Ihrer vorgeschlagenen Lösung für ein bestimmtes Problem zu erstellen. Diese frühe und abstrakte Version Ihres Produkts umfasst die Kernmerkmale und -funktionen, die es den Benutzern idealerweise bieten sollte. Der Prototyping-Prozess ermöglicht es Ihnen, schnell verschiedene Ideen zu generieren und zu testen und daraus Erkenntnisse zur Verbesserung des Designs zu gewinnen. Hier sind einige konkrete Ziele, die Sie mit Prototyping erreichen können:

1. **Visualisieren Sie Ihr Konzept** : Die Entwicklung eines Prototyps bietet die Möglichkeit, abstrakte Ideen in eine sichtbare und greifbare Form zu bringen, die für andere leicht verständlich ist.
2. **Identifizieren Sie Mängel und Einschränkungen** : Durch Prototyping können Sie etwaige Mängel, einschließlich Usability-Probleme, erkennen und beheben, bevor Sie in den eigentlichen Entwicklungsprozess investieren.
3. **Sammeln Sie Feedback** : Sie können mit Ihrem Prototyp Feedback von Benutzern oder Stakeholdern einholen, das Ihnen dabei helfen kann, Ihr Produkt basierend auf deren Bedürfnissen und Erwartungen weiter zu verfeinern.
4. **Testen Sie verschiedene Lösungen** : Mit einem schnellen und iterativen Ansatz können Sie beim Prototyping verschiedene Lösungen oder Funktionen testen und bewerten, was in Ihrem Produkt am besten funktioniert.

4.1.2. Arten von Prototypen

Prototypen können je nach Genauigkeitsgrad, der sich darauf bezieht, wie detailliert und ausgefeilt der Prototyp ist, in verschiedene Kategorien eingeteilt werden. Im Allgemeinen können Prototypen in die folgenden Typen eingeteilt werden:

1. **Low-Fidelity-Prototypen** : Diese Arten von Prototypen sind oft einfach und grob und reichen von Papierskizzen bis hin zu einfachen Drahtmodellen. Sie lassen sich schnell und kostengünstig herstellen, sodass Sie Ideen schnell erkunden und umsetzen können. Sie sind besonders in den frühen Phasen des Entwurfs nützlich, wenn Sie noch Kernfunktionen identifizieren und validieren.

2. **Mid-Fidelity-Prototypen** : Wie der Name schon sagt, liegen Mid-Fidelity-Prototypen in Bezug auf Details und Feinschliff zwischen Low- und High-Fidelity-Prototypen. Sie ähneln oft eher dem endgültigen Layout oder Aussehen des Produkts, es mangelt ihnen aber möglicherweise noch an Interaktivität und Branding. Diese Prototypen können hilfreich sein, wenn Sie detailliertere visuelle Darstellungen für die Zustimmung der Stakeholder oder für Benutzertests präsentieren müssen.

3. **High-Fidelity-Prototypen** : Diese Art von Prototyp ähnelt stark dem Endprodukt, einschließlich der Aspekte visuelles Design, Interaktivität und Reaktionsfähigkeit, was effektivere Benutzertests ermöglicht. Die Erstellung von High-Fidelity-Prototypen kann jedoch zeitaufwändig und teuer sein, weshalb sie normalerweise für die späteren Phasen des Designprozesses reserviert sind, wenn das Konzept verfeinert und klarer ist.

4.1.3. No-Code-Prototyping-Tools

Heutzutage stehen verschiedene No-Code-Tools zur Verfügung, mit denen Sie Prototypen entwerfen können, ohne dass Programmierkenntnisse erforderlich sind. Hier sind einige beliebte No-Code-Prototyping-Tools, die Sie in Betracht ziehen können:

1. **Figma** : Figma ist ein webbasiertes Tool für kollaboratives Design, mit dem Sie an einem Ort erstellen, Prototypen erstellen und Feedback einholen können. Es bietet eine breite Palette an Funktionen wie automatisches Layout, Komponenten und Prototyping-Tools, die Ihnen dabei helfen können, Ihren Designprozess zu optimieren.

2. **Adobe XD** : Adobe XD ist ein vektorbasiertes Designtool, das leistungsstarke Prototyping-Funktionen bietet, mit denen Sie mühelos interaktive Wireframes und hochauflösende Prototypen erstellen können.
3. **Sketch** : Sketch ist ein weiteres beliebtes vektorbasiertes Designtool, das hauptsächlich zum Erstellen von Benutzeroberflächen verwendet wird. Obwohl es sich nicht um ein webbasiertes Tool wie Figma handelt, bietet Sketch verschiedene Plugins und Integrationen, die zur Verbesserung der Produktivität und Zusammenarbeit beitragen können.
4. **InVision** : InVision bietet eine Reihe von Design- und Prototyping-Tools, mit denen Sie funktionale Prototypen auf verschiedenen Geräten erstellen und testen können. Integrationen mit Tools wie Sketch und Photoshop machen es noch vielseitiger und leistungsfähiger.

4.1.4. Schritte zum Erstellen eines effektiven Prototyps

1. **Definieren Sie das Problem und die Lösung** : Bevor Sie mit dem Design beginnen, ist es wichtig, das Problem, mit dem Sie sich befassen, und die vorgeschlagene Lösung klar zu skizzieren. Erstellen Sie eine Liste der Kernfunktionen, die Ihr Prototyp umfassen sollte, um das Problem effektiv zu lösen.
2. **Wählen Sie die richtige Wiedergabetreue** : Wählen Sie je nach Phase Ihres Designprozesses und den Zielen, die Sie erreichen möchten, den geeigneten Grad an Wiedergabetreue für Ihren Prototyp. Beginnen Sie mit Prototypen mit niedriger Wiedergabetreue, um Ideen zu erkunden und zu verfeinern, bevor Sie zu Prototypen mit höherer Wiedergabetreue übergehen.

3. **Skizzieren Sie den Benutzerfluss** : Ordnen Sie die Benutzerreise und die wichtigsten Berührungspunkte auf verschiedenen Bildschirmen zu und beschreiben Sie dabei detailliert die Aktionen und Interaktionen, die Ihre Benutzer ausführen werden. Dies dient als Blaupause für Ihren Prototyp.
4. **Entwerfen Sie das Layout und die Interaktionen** : Erstellen Sie mit dem von Ihnen gewählten No-Code-Prototyping-Tool das Layout, die visuellen Elemente und die Interaktionen, die Ihren Prototyp definieren. Achten Sie bei Ihrem gesamten Design auf Lesbarkeit, Benutzerfreundlichkeit und Konsistenz.
5. **Testen und iterieren** : Sobald Sie einen funktionierenden Prototyp haben, führen Sie Benutzertests durch, um Feedback zu sammeln und etwaige Probleme oder Mängel bei der Benutzerfreundlichkeit zu identifizieren. Iterieren Sie das Design basierend auf den Erkenntnissen, die Sie beim Testen gesammelt haben, um die Benutzererfahrung zu verbessern.

Zusammenfassend lässt sich sagen, dass Prototyping und Produktdesign entscheidende Aspekte für die Gestaltung einer überzeugenden Benutzererfahrung sind. Wenn Sie die Ziele des Prototypings verstehen, wissen, wann unterschiedliche Arten von Prototypen eingesetzt werden sollten, und Prototyping-Tools ohne Code verwenden, sind Sie gut gerüstet, um funktionale und optisch ansprechende Prototypen zu erstellen, die Ihren Designprozess rationalisieren und Ihre Erfolgschancen verbessern können Erfolg mit Ihrer Startup-Idee.

4.1 Prototyping- und Produktdesign-Grundlagen

Bevor wir in die Prototyping-Phase eintauchen, müssen wir die Grundlagen für die Gestaltung einer überzeugenden Benutzererfahrung verstehen. Das Ergebnis dieses Prozesses ist ein interaktiver Prototyp, der als visuelle Darstellung Ihrer Idee dient. Aber warum ist das wichtig? Ein gut gestalteter Prototyp:

1. Hilft Ihnen, Ihre Ideen besser zu kommunizieren
2. Erleichtert die Zusammenarbeit mit Teammitgliedern und anderen Stakeholdern
3. Ermöglicht Benutzertests und -validierungen, bevor viel Zeit und Ressourcen in die Entwicklung investiert werden

Großartiges Design erfüllt nicht nur die Erwartungen der Benutzer, sondern geht darüber hinaus und bietet Erlebnisse, die die Benutzer lieben werden. Um dies zu erreichen, müssen Sie einige wesentliche Prinzipien des Produktdesigns und der Benutzererfahrung befolgen.

4.1.1 Empathie und benutzerzentriertes Design

Eine hervorragende Benutzererfahrung beginnt damit, dass Sie Ihre Zielgruppe verstehen – ihre Bedürfnisse, Motivationen und Schwachstellen. Dieser Ansatz führt Sie dazu, Lösungen zu entwerfen, die bei Ihren Benutzern Anklang finden und deren Probleme effektiv lösen.

- **Personas** : Erstellen Sie fiktive Benutzerprofile, die reale Menschen darstellen, die Ihr Produkt letztendlich verwenden werden. Personas helfen Ihnen, Demografie, Verhaltensmuster, Motivationen und Ziele zu verstehen.
- **User Stories** : Schreiben Sie User Stories, um zu beschreiben, wie Benutzer mit Ihrem Produkt interagieren, und konzentrieren Sie sich dabei auf den

Wert, den sie daraus ziehen. Diese Übung hilft Ihnen, die wesentlichen Funktionen zu entwerfen, die ihre Probleme lösen.

- **Benutzerabläufe** : Gestalten Sie die Reise der Benutzer von Anfang bis Ende und legen Sie die möglichen Wege fest, die sie bei der Nutzung Ihres Produkts einschlagen können. Dieser Schritt hilft Ihnen, Reibungspunkte, Engpässe und Verbesserungsmöglichkeiten zu identifizieren.

4.1.2 Klarheit und Einfachheit

Ihr Prototyp sollte intuitiv und einfach zu bedienen sein. Ein klares und unkompliziertes Design verhindert Verwirrung beim Benutzer und verkürzt den Lernaufwand.

- **Einfachheit** : Beziehen Sie nur wesentliche Elemente in Ihr Design ein. Dieser Ansatz macht es für Benutzer einfacher, das zu finden, was sie benötigen.
- **Konsistenz** : Stellen Sie sicher, dass die Designelemente wie Farben, Schriftarten und Schaltflächen in Ihrem Produkt konsistent sind.
- **Feedback** : Geben Sie Benutzern Echtzeit-Feedback zu ihren Aktionen. Diese Interaktion hilft ihnen, den aktuellen Zustand des Systems zu verstehen und Fehler zu vermeiden.

4.1.3 Designprozess und Tools

Die Entwicklung eines Prototyps ist ein iterativer Prozess. Normalerweise beginnt es mit einem ersten Entwurf, gefolgt von mehreren Design- und Feedback-Zyklen, bevor die endgültige Version erreicht wird. Für die Erstellung digitaler Prototypen stehen zahlreiche Tools zur Verfügung, beispielsweise Figma, Sketch und Adobe XD. Wählen Sie das Tool aus, das Ihren Anforderungen am besten entspricht, und erkunden Sie seine Funktionen.

- **Skizzieren** : Beginnen Sie mit einem Stift und Papier, um Low-Fidelity-Wireframes, auch Mockups genannt, zu skizzieren. Dieser Schritt ermöglicht es Ihnen, Ihre Ideen zu visualisieren und schnell zu iterieren, ohne sich in den Feinheiten des Tools zu verlieren.
- **Wireframing** : Erstellen Sie verfeinerte digitale Modelle und betonen Sie dabei das Layout und die Struktur Ihres Designs. In diesem Schritt werden die Elemente der Benutzeroberfläche (UI) und ihre Beziehungen weiter definiert.
- **High-Fidelity-Prototyping** : Entwickeln Sie einen interaktiven High-Fidelity-Prototyp mit Ihrem bevorzugten Designtool. Ziel ist es, eine realistische Darstellung Ihres Endprodukts zu erstellen, die mit echten Benutzern getestet werden kann.

4.2 Benutzertests und -validierung

Sobald Sie Ihren Prototyp entworfen haben, ist es an der Zeit, ihn echten Benutzern vorzustellen, um wertvolle Erkenntnisse über seine Benutzerfreundlichkeit, Wünschbarkeit und Machbarkeit zu sammeln.

4.2.1 Testziele und Teilnehmerrekrutierung

Legen Sie vor der Durchführung von Benutzertests klare Ziele fest, um die Leistung des Prototyps zu bewerten. Folgendes berücksichtigen:

- Relevanz – Testen Sie Ihr Wertversprechen und Ihr gesamtes Produktkonzept.

- Benutzerfreundlichkeit – Bewerten Sie die Benutzerfreundlichkeit und Erlernbarkeit Ihres Prototyps.
- Erwünschtheit – Bewerten Sie die emotionale Reaktion und Benutzerzufriedenheit.

Sobald Sie Ihre Testziele kennen, rekrutieren Sie Teilnehmer, die Ihren Zielbenutzern ähneln, um gültige und umsetzbare Erkenntnisse zu gewährleisten.

4.2.2 Arten von Benutzertests

Es gibt verschiedene Benutzertestmethoden, die von informellen bis hin zu formellen Techniken reichen. Wählen Sie die Methode, die Ihren Bedürfnissen und Ressourcen am besten entspricht.

- **Guerilla-Tests** : Eine informelle, schnelle und kostengünstige Testmethode, bei der Sie Ihren Prototyp an öffentliche Orte bringen und die Leute um ihr Feedback bitten.
- **Remote-Usability-Tests** : Führen Sie Tests online mit Tools wie UsabilityHub oder Lookback.io durch, sodass Sie mit Teilnehmern weltweit testen können.
- **Persönliche Usability-Tests** : Laden Sie Teilnehmer zu einer moderierten Testsitzung an Ihren Teststandort ein. Diese Methode ermöglicht ein tiefergehendes, qualitatives Feedback.

4.2.3 Ergebnisse analysieren und iterieren

Nach dem Sammeln von Benutzerfeedback besteht der nächste Schritt darin, die Ergebnisse zu analysieren und Verbesserungsmöglichkeiten zu identifizieren. Suchen Sie nach Mustern und Trends, wie zum Beispiel wiederkehrenden Problemen oder positiven Aspekten, die

Aufschluss über Verbesserungsmöglichkeiten geben können. Verwenden Sie diese Informationen, um Ihren Prototyp zu iterieren und Ihr Design zu verfeinern.

Denken Sie daran, dass das Ziel darin besteht, ein überzeugendes Benutzererlebnis zu schaffen, das bei Ihrer Zielgruppe Anklang findet. Indem Sie die Prinzipien des Produktdesigns befolgen, sich in die Benutzer einfühlen und rigoros testen, können Sie Ihr No-Code-MVP zum Leben erwecken und den Grundstein für ein erfolgreiches Startup legen.

4.1 Den perfekten Prototyp erstellen: Tipps und Tools für No-Code-MVPs

Bevor Sie verschiedene Tipps zum Produktdesign und Prototyping für Ihr neues No-Code-MVP besprechen, ist es wichtig, zunächst zu verstehen, was ein Prototyp ist. Ein Prototyp ist im Wesentlichen eine interaktive Simulation Ihres Endprodukts, die ausschließlich zu dem Zweck erstellt wurde, es zu testen und zu validieren. Es ermöglicht Ihnen, wichtige Reibungspunkte bei der Benutzererfahrung, potenzielle technische Einschränkungen und Designfehler zu identifizieren, die vor der Einführung behoben werden können.

Die Gestaltung einer überzeugenden Benutzererfahrung beginnt mit der Erstellung eines gut gestalteten Prototyps. Ziel dieses Unterabschnitts ist es, Ihnen praktische Ratschläge zu geben und Ihnen die besten Tools vorzustellen, die Sie auf Ihrem Weg zum perfekten No-Code-MVP unterstützen.

4.1.1 Definieren Sie Ihre Ziele und Zielgruppe

Der erste Schritt beim Entwerfen eines überzeugenden Prototyps besteht darin, die Absicht und Ziele Ihres Produkts sowie die Zielgruppe klar zu definieren. Diese grundlegende Arbeit stellt sicher, dass Ihr Designprozess mit Ihrer gesamten Produktstrategie übereinstimmt.

Ziele

- Skizzieren Sie Ihre Produktziele: Dazu können die Steigerung des Benutzerengagements, die Steigerung des Umsatzes oder die Steigerung der Markenbekanntheit gehören.
- Definieren Sie Ihr MVP (Minimum Viable Product): Finden Sie heraus, mit welchen minimalen Funktionen Sie die gewünschten Ergebnisse erzielen und dabei möglichst wenig Ressourcen verbrauchen können.

Zielgruppe

- Wer sind Ihre idealen Kunden/Nutzer? Seien Sie konkret und erstellen Sie Benutzerpersönlichkeiten, die demografische Merkmale, Verhaltensweisen und Vorlieben auflisten.
- Identifizieren Sie ihre Schwachstellen und Bedürfnisse, damit Sie Ihre Lösung auf die Lösung dieser Probleme zuschneiden können.

4.1.2 Skizzieren Sie Ihren Benutzerablauf und Ihre Benutzeroberflächen

Ihr Prototyp sollte die Reise eines Besuchers durch Ihr Produkt verkörpern und die Schritte skizzieren, die er unternehmen wird, um das gewünschte Ergebnis zu erzielen. So skizzieren Sie diese Abläufe und Schnittstellen:

- Erstellen Sie eine allgemeine Beschreibung jeder Benutzerreise, indem Sie die Schritte, die Benutzer ausführen, die angeklickten Schaltflächen und die Informationen aufschlüsseln, die sie zum Erreichen ihrer Ziele benötigen.
- Erstellen Sie für jeden entsprechenden Schritt eine grobe Skizze der Benutzeroberfläche, die die notwendigen Elemente für diese Interaktion enthält. Konzentrieren Sie sich bei Ihren Skizzen auf Einfachheit und Klarheit.

4.1.3 Wählen Sie Ihre No-Code-Produktdesign- und Prototyping-Tools

Wenn Sie Ihre Skizzen in der Hand haben, benötigen Sie eine Reihe von Werkzeugen, um mit dem eigentlichen Designprozess zu beginnen. Es gibt viele No-Code-Tools auf dem Markt, die auf unterschiedliche Designfunktionen und Budgets zugeschnitten sind. Hier sind einige beliebte No-Code-Designtools, die Ihnen bei der Erstellung eines professionell aussehenden Prototyps helfen:

- **Figma:** Ein cloudbasiertes Designtool, das leicht zu erlernen ist und mit einem robusten kostenlosen Plan geliefert wird. Figma ermöglicht die Zusammenarbeit in Echtzeit und unterstützt den gesamten Prototyping-Prozess, einschließlich Design, Wireframing und Prototyping.
- **Sketch:** Ein MacOS-spezifisches Designtool mit einer leistungsstarken Benutzeroberfläche und Plugins, die es bei Designern zu einer beliebten Wahl machen. Obwohl es sich nicht um ein No-Code-Tool handelt, ist es wichtig zu beachten, dass sich viele andere No-Code-Tools in Sketch integrieren lassen.
- **Adobe XD:** Ein funktionsreiches Tool mit einer Benutzeroberfläche, die anderen Adobe-Produkten

ähnelt. XD bietet Design-, Prototyping- und Kollaborationstools sowie Designsystemmanagement, alles in einer Anwendung.

4.1.4 Testen und iterieren

Das Testen Ihres Prototyps ist ein unschätzbarer Schritt zur Identifizierung potenzieller Probleme und Schwachstellen im Design. Darüber hinaus hilft es Ihnen, Ihre Lösung zu verfeinern und schließlich ein besseres Endprodukt zu schaffen. Um effektiv zu testen und zu iterieren, sollten Sie Folgendes berücksichtigen:

- **Benutzertests:** Führen Sie Usability-Tests mit Ihrer Zielgruppe durch, idealerweise unter Verwendung Ihrer Benutzerpersönlichkeiten. Lassen Sie sie die verschiedenen User Journeys in Ihrem Prototyp durchlaufen und Feedback einholen.
- **Feedback:** Ermutigen Sie Benutzer, ehrliches Feedback zu ihrem Gesamterlebnis sowie zu den Aspekten zu geben, die ihnen gefallen, nicht verstanden oder nicht gefallen haben. Diese Informationen liefern umsetzbare Erkenntnisse darüber, was verbessert werden kann.
- **Iteration:** Nutzen Sie das gesammelte Feedback, um Ihren Prototyp zu aktualisieren und Änderungen und Verbesserungen umzusetzen. Dies kann eine Optimierung der Benutzeroberfläche oder sogar eine Überarbeitung Ihrer gesamten Designstrategie beinhalten.

4.1.5 Streben Sie stets nach Verbesserungen

Erkennen Sie, dass die Benutzererfahrung ein bewegliches Ziel ist und es immer Raum für Verbesserungen gibt. Nutzen Sie eine Kultur des kontinuierlichen Lernens,

Experimentierens und Iteration, um sicherzustellen, dass Ihr Produkt nie aufhört, sich zu verbessern. Behalten Sie aufkommende Designtrends, technologische Innovationen und Änderungen im Benutzerverhalten im Auge, um auf dem Laufenden zu bleiben.

Wenn Sie diese praktischen Schritte befolgen und mithilfe von No-Code-Tools schnell einen gut gestalteten Prototyp für Ihre Startup-Idee erstellen und validieren. Ein überzeugendes Benutzererlebnis wird zweifellos der Grundstein für den Erfolg Ihres Produkts sein. Investieren Sie also Zeit und Mühe, um Ihren Prototyp ansprechend, optisch ansprechend und benutzerfreundlich zu gestalten.

5. Erstellen Sie Ihr No-Code-MVP: Schritt-für-Schritt-Anleitung

5.2. Vorbereitung und Planung für Ihr No-Code-MVP

Bevor Sie mit der Erstellung Ihres No-Code-MVP beginnen, ist es wichtig, Ihr Projekt gründlich vorzubereiten und zu planen, um sicherzustellen, dass Ihr MVP Ihre Startup-Idee effektiv validiert. Eine ordnungsgemäße Planung hilft Ihnen auch dabei, die Vorteile der Verwendung von No-Code-Tools zu maximieren und potenzielle Hindernisse während der Entwicklung zu minimieren. Hier werden wir den Planungsprozess in kleinere Schritte unterteilen und uns mit den einzelnen Schritten befassen.

5.2.1. Definieren Sie Ihre Problemstellung

Alles beginnt mit der Identifizierung des Problems, das Sie lösen möchten. Ihre Problemstellung sollte prägnant und klar sein und sich auf den Problempunkt konzentrieren, den Sie ansprechen. Berücksichtigen Sie beim Verfassen Ihrer Problemstellung die folgenden Fragen:

- Welches Problem versuchen Sie zu lösen?
- Wer steht vor diesem Problem?
- Warum lohnt es sich, dieses Problem zu lösen?

Eine wirksame Problemstellung sollte etwa so aussehen: „Freiberufliche Designer haben Schwierigkeiten, ihre Projekte zu verwalten und mit Kunden zu kommunizieren, was zu Zeit- und Umsatzverlusten führt."

5.2.2. Legen Sie Ihren Zielmarkt fest

Sobald Sie das Problem identifiziert haben, das Sie lösen möchten, besteht der nächste Schritt darin, den Zielmarkt zu bestimmen, der am meisten von Ihrer Lösung profitieren würde. Führen Sie Marktforschung durch, um Ihre Zielgruppe zu identifizieren, ihre Bedürfnisse und Vorlieben zu verstehen und die Rentabilität Ihrer Nische zu bewerten. Ein klar definierter Zielmarkt ermöglicht es Ihnen, ein personalisiertes Benutzererlebnis zu schaffen und erhöht die Wahrscheinlichkeit, dass Ihr No-Code-MVP bei den Benutzern Anklang findet.

5.2.3. Skizzieren Sie Ihr Wertversprechen

Ihr Wertversprechen hebt Sie von der Konkurrenz ab und unterstreicht die einzigartigen Vorteile, die Ihre Lösung Ihrem Zielmarkt bietet. Es sollte die Schlüsselfaktoren zusammenfassen, die Ihr Produkt ideal für die Lösung des von Ihnen identifizierten Problems machen. Schreiben Sie ein überzeugendes Wertversprechen, um den Wert Ihres

Produkts und die Gründe, warum Benutzer Ihre Lösung anderen vorziehen sollten, prägnant zum Ausdruck zu bringen.

5.2.4. Skizzieren Sie Ihre Benutzerabläufe

Benutzerflüsse sind eine visuelle Darstellung der Schritte, die Benutzer unternehmen, um eine bestimmte Aktion in Ihrer App oder Website auszuführen. Identifizieren Sie zunächst die wichtigsten Aktionen, die Benutzer in Ihrem No-Code-MVP ausführen sollen, z. B. Registrieren, Anmelden, Kaufen oder Feedback geben. Skizzieren Sie dann die Wege, die Benutzer einschlagen, um diese Aktionen auszuführen. Durch die Zuordnung von Benutzerflüssen können Sie ein nahtloses Benutzererlebnis schaffen und sicherstellen, dass Ihr No-Code-MVP den Bedürfnissen Ihrer Benutzer gerecht wird.

5.2.5. Listen Sie die Merkmale und Funktionen auf

Jetzt ist es an der Zeit, die Features und Funktionen zu definieren, die Sie in Ihr No-Code-MVP aufnehmen möchten. Der Schlüssel liegt hier darin, den Mindestsatz an Funktionen zu priorisieren, der zum Testen Ihrer Hypothese und Validierung Ihrer Idee erforderlich ist. Wählen Sie die Funktionen aus, die zu Ihrer Problemstellung passen und Ihren Benutzern den größten Nutzen bieten. Denken Sie daran, dass Ihr Ziel darin besteht, einen schlanken, testbaren Prototypen zu erstellen. Vermeiden Sie daher übermäßiges Engineering und bleiben Sie beim Wesentlichen.

5.2.6. Wählen Sie Ihre No-Code-Tools und Plattformen

Wenn Sie genau wissen, was Sie erstellen möchten, ist es an der Zeit, die No-Code-Tools auszuwählen, die Ihren Projektanforderungen am besten entsprechen. Sie müssen verschiedene No-Code-Plattformen hinsichtlich Benutzerfreundlichkeit, Integrationsfähigkeiten, Skalierbarkeit, Kosten und Supportoptionen bewerten. Nutzen Sie Ihre Liste der Features und Funktionen sowie Ihre Benutzerabläufe als Leitfaden für Ihren Auswahlprozess. Es ist wichtig, frühzeitig die richtigen Tools auszuwählen, da ein Wechsel mitten in der Entwicklung zeitaufwändig und kostspielig sein kann.

5.2.7. Entwickeln Sie einen Test- und Feedbackplan

Um den Erfolg Ihres No-Code-MVP sicherzustellen, ist es wichtig, Benutzerfeedback zu sammeln und Ihr Produkt basierend auf diesem Input zu iterieren. Richten Sie ein solides Test- und Feedback-Framework ein, das Folgendes umfasst:

- Identifizieren der wichtigsten Leistungsindikatoren (KPIs), anhand derer Sie Ihren MVP bewerten.
- Entscheiden, wann und wie Benutzerfeedback gesammelt wird (z. B. Umfragen, Interviews, Analysen oder Benutzertests).
- Integrieren Sie eine Feedbackschleife in Ihren Entwicklungsprozess, um zukünftige Iterationen und Verbesserungen zu informieren.

5.2.8. Erstellen Sie einen Zeitplan und einen Ressourcenplan

Erstellen Sie abschließend einen Projektzeitplan, der Meilensteine und angestrebte Abschlusstermine für die verschiedenen Aufgaben und Funktionen enthält. Weisen

Sie Ressourcen, z. B. Ihren Teammitgliedern, basierend auf ihren Fähigkeiten und Fachkenntnissen bestimmte Aufgaben zu. Berücksichtigen Sie mögliche Verzögerungen, z. B. Tool-Einschränkungen oder unerwartete Entwicklungsprobleme.

Wenn Sie diese Schritte ausführen, erhalten Sie einen umfassenden Plan, der Sie bei der Erstellung Ihres MVP ohne Code unterstützt. Mit Ihrem Plan in der Hand können Sie mit dem Erstellen, Testen und Iterieren Ihres Produkts fortfahren, um Ihre Startup-Idee schnell zu validieren und zum Erfolg zu führen.

5.2 Definieren der Kernfunktionen Ihres MVP

Um ein erfolgreiches No-Code-MVP (Minimum Viable Product) zu erstellen, müssen Sie die Kernfunktionen Ihres Produkts definieren, die in kürzester Zeit erstellt, getestet und geliefert werden. Diese Kernfunktionen sollten ausreichen, um das Hauptproblem zu lösen oder den Hauptbedarf Ihrer Zielkunden zu befriedigen, sodass Sie Ihre Startup-Idee schnell und iterativ validieren können. In diesem Abschnitt gehen wir eine Schritt-für-Schritt-Anleitung zum Definieren der Kernfunktionen Ihres MVP durch.

5.2.1 Legen Sie Ihr Wertversprechen fest

Beginnen Sie damit, das Hauptwertversprechen Ihres Produkts oder Ihrer Dienstleistung zu identifizieren. Was ist das Hauptproblem oder der Hauptbedarf, den Ihr Produkt anspricht? Welchen Mehrwert erhalten Ihre Kunden durch die Nutzung Ihres Produkts? Seien Sie bei der Beschreibung des Wertversprechens so genau wie möglich, denn so können Sie sich auf die wesentlichen Merkmale konzentrieren, um diesen Wert zu liefern.

Betrachten wir zum Beispiel eine fiktive No-Code-App – „BudgetBuddy". Das Wertversprechen von BudgetBuddy besteht darin, Benutzern dabei zu helfen, ihre persönlichen Finanzen innerhalb einer einzigen Plattform aktiv zu verwalten und zu verfolgen, sodass sie fundierte Entscheidungen über ihre Ausgabegewohnheiten treffen können, um mehr zu sparen.

5.2.2 Bestimmen Sie Ihre Hauptbenutzer und deren Bedürfnisse

Identifizieren Sie, für wen Sie das MVP entwickeln und welche Bedürfnisse es hat. Bei Ihren Hauptnutzern handelt es sich möglicherweise um einen Teil Ihrer Zielgruppe. Ihre Bedürfnisse helfen Ihnen bei der Priorisierung der Funktionen, die Sie in Ihr MVP aufnehmen möchten. Erstellen Sie zunächst zwei bis drei detaillierte Benutzerpersönlichkeiten, die Ihre Hauptbenutzer repräsentieren, und listen Sie deren spezifische Bedürfnisse im Zusammenhang mit Ihrem Wertversprechen auf.

Für BudgetBuddy könnten die Hauptbenutzer sein:

1. Junge Berufstätige, die in der Regel zu viel für unwesentliche Dinge ausgeben und durch die Verfolgung ihrer Ausgaben mehr sparen möchten.
2. Freiberufler, die ihre Einnahmen und Ausgaben überwachen müssen, um sicherzustellen, dass sie jeden Monat mehr verdienen, als sie ausgeben.

5.2.3 Listen Sie die Funktionsideen Ihres Produkts auf

Machen Sie ein Brainstorming und erstellen Sie eine umfassende Liste aller möglichen Funktionen, die Teil Ihres Produkts sein könnten. Diese Liste sollte alles enthalten, was für Ihre Benutzer potenziell nützlich oder bemerkenswert sein könnte. Machen Sie sich in dieser Phase keine Gedanken darüber, Ihre Ideen zu priorisieren oder zu filtern – das Ziel besteht darin, bei der Definition der Kernfunktionen Ihres MVP eine umfassende Liste zur Auswahl zu haben.

In unserem Beispiel könnte die Feature-Ideenliste von BudgetBuddy Folgendes umfassen:

1. Automatische Ausgabenverfolgung durch Verknüpfung des Bankkontos des Benutzers
2. Kategorisieren von Transaktionen in verschiedene Ausgabenkategorien
3. Anpassbare Budgets für verschiedene Ausgabenkategorien
4. Visuelle Diagramme zur Analyse des Ausgabeverhaltens
5. Rechnungserinnerungen und Benachrichtigungen
6. Festlegung und Verfolgung finanzieller Ziele
7. Sparherausforderungen und Gamification
8. Kostenteilung mit Freunden oder Familienmitgliedern

5.2.4 Priorisieren Sie Funktionen basierend auf Ihrem Wertversprechen und den Benutzeranforderungen

Nachdem Sie nun eine Liste möglicher Funktionen haben, ist es an der Zeit, diese basierend darauf zu priorisieren, wie gut sie zu Ihrem Wertversprechen und den Bedürfnissen Ihrer Hauptbenutzer passen. Bewerten Sie für jede Funktion Folgendes:

1. Die Bedeutung der Funktion für die Bereitstellung des Kernwertversprechens
2. Der Grad der Komplexität und die Zeit, die zum Erstellen der Funktion erforderlich ist
3. Die Attraktivität der Funktion bei Ihren Hauptbenutzern

Geben Sie für jede Funktion eine Bewertung basierend auf diesen Kriterien ab und verwenden Sie diese Bewertung, um zu bestimmen, welche Funktionen für Ihr MVP in Betracht gezogen werden sollten. Bedenken Sie, dass sich ein MVP darauf konzentrieren sollte, den Benutzern so schnell und effektiv wie möglich den primären Wert zu liefern. Daher ist es wichtig, Funktionen zu priorisieren, die direkt zu diesem Wert beitragen.

Wenn wir mit dem BudgetBuddy-Beispiel fortfahren, könnten die folgenden Funktionen es in die MVP-Version schaffen:

1. Automatische Ausgabenverfolgung durch Verknüpfung des Bankkontos des Benutzers
2. Kategorisieren von Transaktionen in verschiedene Ausgabenkategorien
3. Anpassbare Budgets für verschiedene Ausgabenkategorien
4. Einfache visuelle Diagramme zur Analyse des Ausgabeverhaltens

Diese Funktionen gehen direkt auf die Bedürfnisse der Benutzer ein und liefern das zentrale Wertversprechen bei gleichzeitig geringer Komplexität und Entwicklungszeit.

5.2.5 Entwerfen Sie den Benutzerfluss und die Wireframes Ihres MVP

Sobald Sie sich für die Kernfunktionen Ihres No-Code-MVP entschieden haben, müssen Sie den Benutzerfluss und die Wireframes entwerfen, um zu visualisieren, wie Benutzer mit Ihrem Produkt interagieren. Definieren Sie zunächst die wichtigsten Benutzerreisen und erstellen Sie dann Wireframes für jeden Schritt der Reise.

Erstellen Sie mit einfachen Designtools wie Balsamiq oder Figma eine visuelle Darstellung der Benutzeroberfläche Ihres MVP, einschließlich Layout, Navigationselementen und Interaktionsdesign. Dadurch wird sichergestellt, dass Ihr MVP einfach zu bedienen ist und sich für Benutzer intuitiv anfühlt, was für seinen Erfolg von entscheidender Bedeutung ist.

5.2.6 Finalisieren Sie Ihren MVP-Umfang und beginnen Sie mit dem Aufbau

Nachdem die Kernfunktionen, Benutzerabläufe und Wireframes eingerichtet sind, haben Sie jetzt eine klare Vorstellung davon, wie Ihr No-Code-MVP nach Fertigstellung aussehen und sich anfühlen wird. Dies ist die Blaupause, die Sie verwenden werden, um Ihr MVP mit No-Code-Tools wie Webflow, Bubble, Adalo oder anderen zu erstellen, abhängig von Ihren spezifischen Bedürfnissen und Anforderungen.

Denken Sie daran, dass das Hauptziel Ihres No-Code-MVP darin besteht, Ihre Startup-Idee so schnell wie möglich zu validieren. Konzentrieren Sie sich also beim Erstellen des MVP auf die Kernmerkmale und -funktionen, anstatt das Design zu perfektionieren oder jeden Aspekt zu verfeinern. Sobald Sie wertvolles Feedback und Erkenntnisse von echten Benutzern gesammelt haben, haben Sie genügend Zeit, das MVP zu iterieren und zu verbessern.

Zusammenfassend lässt sich sagen, dass die Definition der Kernfunktionen Ihres MVP ein entscheidender Schritt beim Aufbau eines erfolgreichen No-Code-MVP ist. Indem Sie sich darauf konzentrieren, Ihren Benutzern so schnell und effektiv wie möglich den primären Wert zu liefern, kommen Sie der Validierung Ihrer Startup-Idee und dem Erreichen Ihrer unternehmerischen Ziele einen Schritt näher.

5.1 Verstehen Sie Ihr Wertversprechen

Bevor Sie mit der eigentlichen Erstellung Ihres No-Code-MVP beginnen, ist es wichtig, das Wertversprechen Ihres Produkts zu verstehen und zu identifizieren. Das Wertversprechen ist ein wichtiger Aspekt, der den Zweck Ihres Produkts und den Wert definiert, den es Ihrer Zielgruppe bieten wird. Es ermittelt die Kernherausforderungen, die Ihr Produkt löst, und differenziert es von bestehenden Wettbewerbern.

Um Ihr Wertversprechen zu definieren, ist es sinnvoll, die folgenden Schritte zu befolgen:

5.1.1 Identifizieren und verstehen Sie Ihre Zielkunden

Beginnen Sie damit, herauszufinden, wer Ihr Produkt verwenden wird. Die Beantwortung der folgenden Fragen kann Ihnen bei der Definition Ihrer Zielgruppe helfen:

1. Was ist ihre Altersgruppe?
2. Was definiert ihr Verhalten?
3. Was brauchen Sie?
4. Wie interagieren sie mit Technologie?
5. Was sind ihre Herausforderungen und Schmerzpunkte?

Erstellen Sie detaillierte Benutzerpersönlichkeiten, die Ihre Zielgruppe repräsentieren, um ein tieferes Verständnis für deren Bedürfnisse und Vorlieben zu gewinnen.

5.1.2 Kundenbedürfnisse und -probleme ermitteln

Sobald Sie Ihre Zielgruppe genau kennen, besteht der nächste Schritt darin, die spezifischen Herausforderungen oder Schwachstellen zu identifizieren, mit denen sie konfrontiert sind. Sie können dies tun, indem Sie Umfragen, Interviews oder Beobachtungsstudien durchführen. Erstellen Sie eine Liste der häufigsten Kundenprobleme, da diese die Grundlage für das Wertversprechen Ihres Produkts bilden.

5.1.3 Identifizieren Sie bestehende Lösungen und Wettbewerber

Bewerten Sie die auf dem Markt verfügbaren Lösungen, die auf die Bedürfnisse Ihrer Zielkunden eingehen. Dadurch erhalten Sie einen Überblick über die Konkurrenz und können aus deren Stärken und Schwächen lernen. Erstellen Sie eine Liste Ihrer Konkurrenten und ihrer Wertversprechen, um ein klareres Bild der Wettbewerbslandschaft zu erhalten.

5.1.4 Entwickeln Sie ein einzigartiges und überzeugendes Wertversprechen

Basierend auf Ihrem Verständnis der Kundenbedürfnisse und der Wettbewerbslandschaft besteht der nächste Schritt darin, ein einzigartiges und überzeugendes Wertversprechen für Ihr Produkt zu entwickeln. Sie sollten es in einem einzigen Satz formulieren können, das Kernproblem ansprechen, das Sie lösen möchten, und wie sich Ihr Produkt von der Konkurrenz unterscheidet.

Denken Sie daran, dass sich Ihr Wertversprechen auf das wichtigste Problem konzentriert, das Sie lösen möchten, und gleichzeitig Ihr Produkt von anderen abhebt.

5.2 Auswahl der richtigen No-Code-Tools

Mit einem klaren Verständnis Ihres Wertversprechens können Sie sich nun darauf konzentrieren, die richtigen No-Code-Tools zum Aufbau Ihres MVP zu identifizieren. No-Code-Tools gibt es in verschiedenen Formen und Größen, jede mit ihren Vorzügen und Einschränkungen.

Berücksichtigen Sie bei der Auswahl der richtigen No-Code-Tools die folgenden Faktoren:

1. Funktionalität: Stellen Sie sicher, dass die von Ihnen ausgewählten Tools Ihren spezifischen Anforderungen gerecht werden, einschließlich der erforderlichen Funktionen und Integrationen.
2. Benutzerfreundlichkeit: Wählen Sie Tools, die leicht zu erlernen und zu navigieren sind, damit Sie Ihr MVP schneller erstellen können.
3. Skalierbarkeit: Einige No-Code-Tools bieten Ihnen mehr Raum für die Erweiterung und das Wachstum Ihres Produkts. Treffen Sie eine kluge Entscheidung, um künftige Hindernisse zu vermeiden.
4. Kosten: Stellen Sie sicher, dass die Tools in Ihr Budget passen und berücksichtigen Sie etwaige Nutzungsbeschränkungen oder versteckte Kosten.

Es gibt eine große Auswahl an No-Code-Tools auf dem Markt, wie zum Beispiel:

- Webflow: Ein visueller Designer zum Erstellen responsiver Websites und Webanwendungen

- Bubble: Eine Plattform zum Erstellen von Webanwendungen mit leistungsstarker Logik
- Adalo: Ein mobiler App-Builder zum Erstellen nativer Android- und iOS-Apps
- Zapier: Ein Automatisierungstool zum Verbinden mehrerer Dienste und Erstellen von Workflows
- Airtable: Eine Hybridplattform aus Tabellenkalkulation und Datenbank für die Datenverwaltung

5.3 Aufbau Ihres MVP

Sobald Sie Ihr Wertversprechen und Ihre No-Code-Tools ausgewählt haben, ist es an der Zeit, mit dem Aufbau Ihres MVP zu beginnen. Hier ist eine Schritt-für-Schritt-Anleitung zum Erstellen Ihres No-Code-MVP:

5.3.1 Definieren Sie Ihre MVP-Funktionen

Beginnen Sie damit, die Funktionen zu skizzieren, die Ihr MVP enthalten muss, um den primären Bedarf Ihrer Benutzer zu erfüllen. Konzentrieren Sie sich darauf, den Funktionsumfang minimal zu halten, um Ihr Wertversprechen so schnell wie möglich zu validieren. Vermeiden Sie es, den MVP mit unnötigen Elementen zu überladen.

5.3.2 Skizzieren Sie Ihre Benutzeroberfläche (UI)

Planen Sie die Benutzeroberfläche Ihres MVP visuell, indem Sie Skizzen oder Wireframes erstellen, die jeden Bildschirm oder jede Ansicht darstellen. Verwenden Sie diese Skizzen, um das Layout und den Ablauf Ihres MVP festzulegen. Halten Sie das Design einfach und für Ihre Benutzer leicht zu navigieren.

5.3.3 Erstellen Sie Ihre Benutzeroberfläche mit No-Code-Tools

Nutzen Sie die ausgewählten No-Code-Tools, um Ihre Wireframes neu zu erstellen und basierend auf Ihren Skizzen eine Benutzeroberfläche für Ihr MVP zu implementieren. Stellen Sie sicher, dass das Design responsiv und optisch ansprechend ist und berücksichtigen Sie dabei die Zielgruppe.

5.3.4 Implementieren Sie Ihre MVP-Funktionen

Nutzen Sie die ausgewählten No-Code-Tools, um Ihre Kernfunktionen zu implementieren. Richten Sie alle erforderlichen Integrationen und Arbeitsabläufe ein, um sicherzustellen, dass das MVP reibungslos funktioniert. Testen Sie jede Funktion, um sicherzustellen, dass sie genau auf die Schwachstellen des Benutzers eingeht.

5.4 Testen und Validieren Ihres MVP

Nachdem Sie Ihr MVP fertiggestellt haben, ist es an der Zeit, es mit echten Benutzern zu testen und zu validieren. Beginnen Sie damit, Benutzerfeedback zu sammeln, etwaige Lücken oder Probleme zu identifizieren und das MVP zu iterieren, bevor Sie es öffentlich veröffentlichen. Nutzen Sie Analysetools, um das Benutzerengagement zu überwachen und den Erfolg Ihres MVP zu messen.

Wenn Sie diese Schritte befolgen, können Sie Ihre Startup-Ideen schnell erstellen und validieren, indem Sie die Leistungsfähigkeit von No-Code-Tools nutzen. Machen Sie sich das Konzept des Umarmens, Lernens und Iterierens zu eigen, um erfolgreiche Produkte zu entwickeln, die den Bedürfnissen Ihrer Zielgruppe gerecht werden.

5. Erstellen Sie Ihr No-Code-MVP: Schritt-für-Schritt-Anleitung

5.1 Identifizieren Ihres Wertversprechens

Bevor Sie mit der Erstellung Ihres No-Code-MVP beginnen, ist es wichtig, das Wertversprechen Ihrer Startup-Idee zu klären. Ein Wertversprechen ist die einzigartige Kombination aus Funktionen, Vorteilen und Preisen, die Ihr Produkt oder Ihre Dienstleistung für potenzielle Kunden attraktiv macht. Nehmen Sie sich die Zeit, Ihre Zielgruppe und ihre Bedürfnisse zu verstehen und herauszufinden, wie Ihr Produkt oder Ihre Dienstleistung diese Bedürfnisse besser erfüllt als Ihre Konkurrenten. Stellen Sie sicher, dass Ihr Wertversprechen einfach, klar und leicht zu kommunizieren ist.

Um Ihnen bei der Ermittlung Ihres Wertversprechens zu helfen, sollten Sie die Beantwortung der folgenden Fragen in Betracht ziehen:

1. Wer ist Ihre Zielgruppe?
2. Welches Problem lösen Sie für sie?
3. Inwiefern geht Ihre Lösung besser auf deren Bedürfnisse ein als Alternativen?

5.2 Auswahl der richtigen No-Code-Tools

Das Schöne an der Erstellung eines No-Code-MVP ist, dass Ihnen zahlreiche Plattformen und Tools zur Verfügung stehen, die Sie bei der Erstellung Ihres Produkts unterstützen, von einfachen Drag-and-Drop-Website-Buildern bis hin zu fortgeschritteneren Tools, die auf bestimmte Plattformen wie E-Commerce zugeschnitten sind Entwicklung mobiler Apps. Berücksichtigen Sie bei der Auswahl der besten No-Code-Tools für Ihr MVP den Hauptfokus Ihres Startups, die Benutzerfreundlichkeit, den Grad der Anpassung und die Kosten der Lösung.

Zu den beliebten No-Code-Tools gehören:

1. Webflow: Zum Erstellen reaktionsfähiger Websites, ohne Code schreiben zu müssen
2. Bubble: Eine leistungsstarke Plattform zum Erstellen von Web-Apps mit visuellen Builder- und Datenbankfunktionen
3. Glide: Verwandeln Sie Google Sheets in mobile Apps, ohne Code schreiben zu müssen
4. Zapier: Automatisieren Sie Arbeitsabläufe und integrieren Sie verschiedene Apps ohne Programmieraufwand
5. Airtable: Erstellen Sie anpassbare Datenbanken und Projektmanagementsysteme

5.3 Entwerfen Ihres MVP

Nachdem Sie nun ein klares Wertversprechen und die richtigen No-Code-Tools zur Hand haben, ist es an der Zeit, Ihr MVP zu entwerfen. Bei gutem Design geht es um mehr als nur Ästhetik; Es geht darum, ein Benutzererlebnis zu bieten, das es den Menschen einfach und angenehm macht, ihre Ziele mit Ihrem Produkt zu erreichen. Konzentrieren Sie sich auf den Hauptbenutzerfluss und stellen Sie sicher, dass sich das Design Ihres MVP auf die Lösung des von Ihnen identifizierten Kernproblems konzentriert.

Berücksichtigen Sie während der Entwurfsphase die folgenden Schritte:

1. **Skizzieren Sie Ihre Ideen** : Beginnen Sie mit Stift und Papier oder verwenden Sie digitale Tools wie Miro oder Figma, um Drahtmodelle und Modelle der wichtigsten Bildschirme Ihres MVP zu erstellen.
2. **Testen Sie Ihre Designs** : Teilen Sie Ihre Modelle mit potenziellen Benutzern oder Kollegen, um Feedback zur Benutzererfahrung zu sammeln und notwendige Verbesserungen vorzunehmen.
3. **Erstellen Sie ein Designsystem** : Legen Sie Farbschemata, Schriftarten und wiederverwendbare Komponenten fest, um die Konsistenz in Ihrem gesamten MVP aufrechtzuerhalten und Endbenutzern die Navigation zu erleichtern.
4. **Iterieren und verfeinern** : Verfeinern Sie Ihr Design kontinuierlich auf der Grundlage fortlaufender Rückmeldungen und Tests, um ein unkompliziertes, ansprechendes Benutzererlebnis zu gewährleisten.

5.4 Aufbau des MVP

Nachdem Sie Ihr Wertversprechen definiert, No-Code-Tools ausgewählt und einen soliden Designplan erstellt haben, ist es an der Zeit, Ihr No-Code-MVP zu erstellen. Befolgen Sie diese Schritte, um eine funktionsfähige Version Ihres Produkts zu erstellen:

1. *Richten Sie die Struktur ein* – Verwenden Sie Ihr No-Code-Tool, um die Struktur Ihres MVP zu definieren. Dazu kann das Erstellen von Seiten, Formularen und anderen UI-Elementen gehören, die an Ihre Wireframes und Mock-ups angepasst werden.
2. *Funktionalität hinzufügen* – Implementieren Sie Funktionen, die das zentrale Wertversprechen Ihres MVP liefern. Abhängig von der von Ihnen gewählten No-Code-Plattform kann dies das Verknüpfen von Aktionen mit Schaltflächen, das Einrichten von

Workflows oder die Integration mit anderen Tools und Diensten umfassen.

3. *Passen Sie das Design an* – Wenden Sie Ihr Designsystem auf Ihr MVP an, einschließlich Farben, Typografie und Komponentenstilen, um es mit Ihrem visuellen Designplan in Einklang zu bringen.

4. *Integrationen konfigurieren* – In vielen Fällen muss Ihr MVP möglicherweise mit anderen Tools wie E-Mail-Anbietern oder Zahlungsgateways verbunden werden. Nutzen Sie Plattformen wie Zapier oder Integromat, um diese Verbindungen herzustellen und die Interaktionen Ihrer Benutzer mit Ihrem Produkt zu optimieren.

5.5 Testen und Iterieren

Sobald Ihr No-Code-MVP erstellt ist, ist es wichtig, damit nicht aufzuhören. Einer der Hauptvorteile der No-Code-Entwicklung ist die Möglichkeit, Ihr Produkt schnell zu testen und basierend auf Benutzerfeedback zu iterieren. Durch das Testen Ihres MVP wird sichergestellt, dass es nicht nur ordnungsgemäß funktioniert, sondern auch das Problem löst, das es lösen soll.

1. *Sammeln Sie Feedback* – Teilen Sie Ihr MVP mit potenziellen Kunden, Kollegen oder Mentoren, um Feedback zu seiner Benutzerfreundlichkeit, Funktionalität und seinem Gesamtwert zu sammeln.

2. *Leistung messen* – Verwenden Sie Analysetools, um Benutzeraktionen zu verfolgen, das Engagement zu überwachen und festzustellen, ob Ihr MVP seine Ziele erreicht.

3. *Identifizieren Sie verbesserungswürdige Bereiche* – Identifizieren Sie anhand von Feedback und Messungen bestimmte Bereiche Ihres MVP, die

verbessert werden müssen, z. B. Design, Inhalt oder Benutzerfluss.

4. *Nehmen Sie Anpassungen vor* : Nehmen Sie mit Ihren No-Code-Tools Änderungen an Ihrem MVP auf der Grundlage Ihrer Erkenntnisse vor und stellen Sie so sicher, dass Sie Ihr Produkt basierend auf Benutzeranforderungen und Feedback kontinuierlich weiterentwickeln.

5. *Wiederholen Sie den Vorgang* – Der Test- und Iterationsprozess läuft weiter, während sich Ihr Produkt basierend auf Benutzereingaben und anderen externen Faktoren weiterentwickelt.

Wenn Sie dieser Schritt-für-Schritt-Anleitung zum Erstellen Ihres No-Code-MVP folgen, sind Sie gut gerüstet, um Ihre Startup-Idee schnell und effizient zu validieren, ohne dass Sie umfangreiche Programmiererfahrung oder ein großes Entwicklungsteam benötigen. Iterieren und verfeinern Sie Ihr Produkt weiter, konzentrieren Sie sich weiterhin auf Ihr Wertversprechen und behalten Sie die Flexibilität bei, Anpassungen basierend auf wertvollem Benutzerfeedback vorzunehmen.

5.1 Definieren Sie das Problem und bilden Sie Hypothesen

Bevor Sie mit der Erstellung Ihres No-Code-MVP beginnen, müssen Sie zunächst das Problem definieren, das Sie lösen möchten, und Annahmen darüber formulieren, warum Ihre Lösung einen Mehrwert für den Markt bietet. Diese erste Phase hilft Ihnen, sich beim Entwerfen und Erstellen Ihres MVP auf die richtigen Features und Funktionen zu konzentrieren.

5.1.1 Definieren Sie das Problem

Beginnen Sie damit, das Problem, das Ihre Startup-Idee lösen soll, klar und prägnant darzulegen. Denken Sie über die Schwachstellen Ihrer Zielkunden nach und stellen Sie sicher, dass Ihre Problemstellung diese anspricht. Eine klar definierte Problemstellung hilft Ihnen, sich auf die Entwicklung der wichtigsten Funktionen für Ihr No-Code-MVP zu konzentrieren.

5.1.2 Zielkunden identifizieren

Identifizieren Sie als Nächstes, wer Ihre Zielkunden sind. Erwägen Sie die Erstellung von Personas, um die Art von Menschen darzustellen, die von Ihrer Lösung profitieren werden. Beschreiben Sie ihre Demografie, Bedürfnisse, Verhaltensweisen und Vorlieben. Das Verständnis Ihrer Zielkunden vertieft Ihr Verständnis des Problems und hilft Ihnen, eine Lösung zu entwickeln, die auf ihre Bedürfnisse eingeht.

5.1.3 Hypothesen formulieren

Mit einer klaren Problemstellung und einem Verständnis Ihres Zielkunden ist es an der Zeit, mit der Definition der Annahmen zu beginnen, die Sie testen müssen. Formulieren Sie eine Reihe von Hypothesen darüber, wie Ihr Produkt das identifizierte Problem lösen, die Benutzererfahrung verbessern und einen Mehrwert für den Markt schaffen wird.

Ihre Haupthypothese sollte Ihre Lösung direkt mit dem Problem verknüpfen. Zusätzliche Hypothesen können Funktionen abdecken, von denen Sie glauben, dass sie für die Kundenzufriedenheit, das Engagement und die Kundenbindung von entscheidender Bedeutung sind.

Wenn Ihre Problemstellung beispielsweise lautet: „Freiberufler haben Schwierigkeiten, ihre Finanzen effektiv zu verwalten", könnte Ihre Haupthypothese lauten: „Eine mobile App, die das Finanzmanagement für Freiberufler vereinfacht, hilft ihnen, Zeit zu sparen und intelligentere Finanzentscheidungen zu treffen."

5.2 Entwerfen und erstellen Sie Ihr No-Code-MVP

Sobald Sie das Problem definiert und Hypothesen aufgestellt haben, ist es an der Zeit, mit dem Entwerfen und Erstellen Ihres No-Code-MVP fortzufahren. Konzentrieren Sie sich darauf, die kritischsten Annahmen zu testen und mit No-Code-Tools nur die wesentlichen Funktionen zu erstellen.

5.2.1 Entscheiden Sie sich für eine No-Code-Plattform

Wählen Sie eine No-Code-Plattform, die Ihren Anforderungen und Fähigkeiten am besten entspricht. Es stehen verschiedene No-Code-Plattformen zur Verfügung, darunter Web-App-Builder (z. B. Bubble, Webflow), Builder für mobile Apps (z. B. Adalo, Glide) und funktionale Tools (z. B. Zapier, Airtable). Berücksichtigen Sie bei der Auswahl einer No-Code-Plattform die folgenden Faktoren:

- Verfügt es über die Funktionen, die Sie für Ihr MVP benötigen?
- Ist es einfach zu bedienen und zu erlernen?
- Kann es in zukünftigen Iterationen erweiterte Funktionen skalieren und unterstützen?
- Passt es in Ihr Budget?

5.2.2 Wesentliche Funktionen für Prototypen und Tests

Beginnen Sie mit der Entwicklung der unverzichtbaren Funktionen, um Ihre Haupthypothese zu testen. Dies kann die Benutzerregistrierung, grundlegende UI-Elemente für die Navigation und Kernfunktionen zur Problemlösung umfassen.

Erstellen Sie Ihr No-Code-MVP, indem Sie den Richtlinien und Tutorials der Plattform folgen. Berücksichtigen Sie bei der Gestaltung der Benutzeroberfläche Ihre Zielkunden und gestalten Sie das Benutzererlebnis so reibungslos wie möglich. Erwägen Sie die Verwendung vorgefertigter Vorlagen, die von der No-Code-Plattform bereitgestellt werden, oder Design-Tools wie Figma, um Zeit zu sparen.

Denken Sie daran, dass Ihr Ziel darin besteht, die Realisierbarkeit Ihrer Startup-Idee zu testen. Vermeiden Sie es daher, unnötige Funktionen hinzuzufügen oder das MVP zu ausgefeilt zu gestalten.

5.2.3 Alternativen testen, bewerten und vergleichen

Nachdem Sie die wesentlichen Funktionen erstellt haben, testen Sie Ihr MVP zunächst intern, um sicherzustellen, dass es wie vorgesehen funktioniert. Sammeln Sie Feedback von Kollegen oder Freunden, die zu Ihrem Zielkundenprofil passen. Beheben Sie alle Fehler und verbessern Sie die UX basierend auf diesem Feedback.

Identifizieren Sie als Nächstes alternative Lösungen auf dem Markt, die Ihre Zielkunden möglicherweise bereits nutzen. Bewerten Sie Ihr No-Code-MVP im Vergleich zu diesen Alternativen, um zu verstehen, wo Ihre Lösung herausragt und wo sie schwächelt. Dieser Vergleich wird Ihnen auch dabei helfen, Ihr einzigartiges Wertversprechen und Ihre Konkurrenz besser zu verstehen.

5.3 Feedback sammeln und iterieren

Nachdem Ihr No-Code-MVP nun fertig und getestet ist, sammeln Sie Feedback von echten Benutzern, um Ihre Annahmen zu validieren und datengesteuerte Verbesserungen am Produkt vorzunehmen.

5.3.1 MVP starten und Metriken überwachen

Stellen Sie Ihr No-Code-MVP in einer Domain oder einem App-Store bereit und bewerben Sie es bei Ihren Zielkunden. Sammeln Sie relevante Kennzahlen wie Benutzeranmeldungen, Funktionsnutzung und Bindungsraten, um den Erfolg zu messen und Ihre Hypothesen zu bewerten.

5.3.2 Sammeln Sie Benutzerfeedback

Sammeln Sie direkt Feedback von Ihren Benutzern, um zu verstehen, was ihnen an Ihrem MVP gefällt und was nicht. Nehmen Sie an Umfragen oder Interviews teil, um zusätzliche Erkenntnisse darüber zu gewinnen, wie Ihr Produkt das Problem Ihrer Zielkunden löst – oder nicht löst.

5.3.3 Iterieren und optimieren

Analysieren Sie die gesammelten Kennzahlen und das Feedback, um festzustellen, ob Ihre Hypothesen bestätigt oder widerlegt werden. Nutzen Sie diese Erkenntnisse, um Ihr Produkt zu iterieren, Verbesserungen vorzunehmen und bei Bedarf Funktionen hinzuzufügen oder zu entfernen.

Denken Sie daran, dass der Aufbau eines erfolgreichen Startups ein iterativer Prozess ist. Verfeinern Sie also Ihr No-Code-MVP weiter, indem Sie Benutzerfeedback sammeln,

neue Funktionen testen und Ihre Hypothesen anpassen, bis
Sie die Produktmarkttauglichkeit erreicht haben.

6. Testen und Validieren Ihres MVP: Benutzerfeedback und Analysen

6.1 Einholen und Auswerten von Nutzerfeedback

Der wichtigste Aspekt Ihres Minimum Viable Product (MVP)
ist die Bestimmung seiner Relevanz und seines
Wertversprechens für Ihre Zielgruppe. Dies erfordert einen
kontinuierlichen Prozess des Testens, Bewertens und
Iterierens auf der Grundlage von Benutzerfeedback und
Analysen.

Benutzerfeedback ist von unschätzbarem Wert, um Ihnen zu
helfen, zu verstehen, wie Ihr Produkt für echte Benutzer
funktioniert. Es hilft Ihnen nicht nur, Probleme und Engpässe
im MVP zu identifizieren, sondern auch Bereiche, die
verbessert werden müssen, oder Funktionen, die Benutzer
gerne sehen würden. Feedback kann aus verschiedenen
Quellen stammen, darunter Einzelinterviews, Fokusgruppen,
Online-Umfragen und In-App-Bewertungssysteme.
Unabhängig davon, für welche Methode Sie sich
entscheiden, ist es entscheidend, diesen Prozess
systematisch und durchdacht anzugehen.

6.1.1 Identifizieren Ihrer Zielgruppe

Bevor Sie Feedback einholen, müssen Sie bestimmen, wer
Ihre Zielgruppe ist. Wenn Sie genau wissen, wer Ihr Produkt

nutzen wird und welche Probleme es löst, können Sie ein MVP erstellen, das auf die Bedürfnisse der Benutzer abgestimmt ist.

- **Marktsegmentierung** : Unterteilen Sie Ihren Zielmarkt anhand von Faktoren wie Demografie, Geografie und Verhaltensmustern in kleinere Segmente. Dies wird Ihnen helfen, die Bedürfnisse und Vorlieben verschiedener Gruppen besser zu verstehen und Ihr Produkt so zu gestalten, dass es auf deren spezifische Bedürfnisse zugeschnitten ist.
- **Identifizieren von Personas** : Personas sind fiktive Darstellungen typischer Benutzer innerhalb eines Segments, bestehend aus ihren Zielen, Herausforderungen, Vorlieben und Motivationen. Die Entwicklung von Personas kann eine Grundlage für die Bestimmung der spezifischen Benutzergruppen sein, die Sie ansprechen möchten, und für die Bewertung Ihres MVP.
- **Durchführen von Benutzerinterviews** : Führen Sie Interviews mit potenziellen Benutzern durch, um deren Beweggründe, Schwachstellen und aktuelle Lösungen für die Probleme zu verstehen, die Ihr MVP angehen möchte. Nutzen Sie diese Erkenntnisse, um die richtigen Benutzersegmente anzusprechen und ein MVP zu entwerfen, das auf ihre Bedürfnisse zugeschnitten ist.

6.1.2 Feedback sammeln

Sobald Sie Ihre Zielgruppe identifiziert haben, müssen Sie die geeigneten Methoden zum Sammeln von Feedback auswählen. Es gibt keine Einheitslösung, und Sie müssen möglicherweise eine Kombination verschiedener Methoden verwenden, um ein umfassendes Verständnis der Benutzererfahrungen zu erhalten.

- **Persönliche oder Remote-Interviews** : Einzelinterviews sind eine effiziente Möglichkeit, tiefe Einblicke in den Denkprozess und die Erfahrungen eines Benutzers mit Ihrem MVP zu gewinnen. Sie können beobachten, wie sie mit Ihrem Produkt interagieren, Fragen stellen und sich eingehender mit ihrem Feedback befassen. Ferninterviews können über Videokonferenztools durchgeführt werden, wenn persönliche Treffen nicht möglich sind.
- **Fokusgruppen** : Eine Fokusgruppe besteht darin, eine kleine Gruppe von Personen zusammenzubringen, die Ihre Zielgruppe repräsentieren und Diskussionen über Ihren MVP zu ermöglichen. Fokusgruppen können dabei helfen, die allgemeine Stimmung einzuschätzen, Gruppendynamiken zu erfassen und Verbesserungsmöglichkeiten aufzudecken.
- **Online-Umfragen** : Umfragen bieten eine schnelle und kostengünstige Möglichkeit, Feedback von vielen Benutzern gleichzeitig einzuholen. Erstellen Sie gut gestaltete Fragebögen, analysieren Sie die qualitativen und quantitativen Daten und nutzen Sie diese Erkenntnisse, um Ihren MVP zu verfeinern.
- **Social-Media-Überwachung** : Überwachen Sie Social-Media-Plattformen auf benutzergeneriertes Feedback, Kommentare und Bewertungen zu Ihrem MVP. Dies kann wertvolle Informationen über die Benutzerstimmung und potenzielle Verbesserungsmöglichkeiten liefern.

6.1.3 Benutzer-Feedback analysieren

Das bloße Sammeln von Feedback reicht nicht aus. Sie müssen es außerdem systematisch analysieren, um sicherzustellen, dass Sie die gewonnenen Erkenntnisse zur Verbesserung Ihres MVP nutzen können.

- **Feedback kategorisieren** : Organisieren Sie das erhaltene Feedback in verschiedene Kategorien wie Benutzerfreundlichkeit, Funktionen, Design und Leistung. Durch die Kategorisierung des Feedbacks können Sie Muster und Bereiche identifizieren, die Ihre Aufmerksamkeit erfordern, und Aufgaben für die nächste Iteration Ihres MVP priorisieren.
- **Quantitative Analyse** : Analysieren Sie quantitative Daten wie Umfrageantworten und App-Bewertungen, um die Benutzerstimmung einzuschätzen und Trends im Zeitverlauf zu erkennen. Verwenden Sie Tools wie Tabellenkalkulationen oder spezielle Analysesoftware, um die Daten zu analysieren und umsetzbare Erkenntnisse zu generieren.
- **Qualitative Analyse** : Analysieren Sie qualitative Eingaben wie offene Umfrageantworten und Interviewprotokolle, um einzigartige Erkenntnisse und individuelle Benutzerperspektiven aufzudecken. Verwenden Sie Codierungstechniken, um wiederkehrende Themen und Muster in den Daten zu identifizieren und so ein besseres Verständnis der Erfahrungen und Erwartungen der Benutzer zu gewinnen.
- **Visualisierung** : Erstellen Sie visuelle Darstellungen Ihrer Datenanalyse, z. B. Diagramme, Grafiken oder Heatmaps, um die Muster und Trends im Feedback besser zu verstehen.

6.1.4 Auf Feedback reagieren

Nachdem Sie das Benutzerfeedback analysiert haben, besteht der nächste Schritt darin, zu reagieren und sich anzupassen. Nutzen Sie die Erkenntnisse aus dem Feedback, um Ihr MVP zu verbessern und es für die nächste Testphase vorzubereiten.

- **Iterieren** : Aktualisieren Sie Ihr MVP mithilfe des gesammelten Feedbacks, beheben Sie Benutzerprobleme und fügen Sie Funktionen hinzu oder verfeinern Sie sie basierend auf den Benutzeranforderungen. Es ist wichtig, während dieses Prozesses den schlanken Charakter Ihres Produkts beizubehalten und seinen Kern intakt zu halten.
- **Regelmäßige Updates** : Stellen Sie sicher, dass Benutzer über die Änderungen informiert sind, die Sie als Reaktion auf ihr Feedback vorgenommen haben. Diese Transparenz hilft Ihnen, Vertrauen bei Ihren Benutzern aufzubauen und deren Aufmerksamkeit und Engagement zu behalten.
- **Erneuter Test** : Nachdem Sie die Änderungen implementiert haben, testen Sie die verbesserte Version Ihres MVP erneut mit Benutzern, um mehr Feedback zu sammeln und es weiter zu verfeinern. Iterieren und verbessern Sie Ihr MVP kontinuierlich auf der Grundlage des Benutzerfeedbacks, bis es zu einem vollständigen Produkt wird, das den Bedürfnissen und Erwartungen der Benutzer entspricht.

Denken Sie daran, dass der Schlüssel zum erfolgreichen Testen und Validieren Ihres MVP in der kontinuierlichen Anpassung und Verbesserung auf der Grundlage von Benutzerfeedback und Analysen liegt. Erhalten Sie Benutzerfeedback aus verschiedenen Quellen, analysieren Sie die gesammelten Daten und nutzen Sie diese Erkenntnisse, um Ihr MVP zu verbessern. Indem Sie diese Schritte befolgen, können Sie sicherstellen, dass Ihr MVP auf echte Benutzerbedürfnisse eingeht und echte Schwachstellen angeht, was zu einer erfolgreichen Produkteinführung führt.

6.2 Die Bedeutung des Sammelns von Benutzerfeedback und Analysen

Während der Entwicklung und Einführung Ihres No-Code-MVP können Sie leicht in der Denkweise verfallen: „Wenn ich nur noch diese eine Funktion hinzufüge, ist es perfekt." Obwohl der Wunsch, ein perfektes Produkt zu schaffen, verständlich ist, führt er oft dazu, dass Unternehmer einen entscheidenden Schritt beim Aufbau eines erfolgreichen digitalen Produkts verpassen – das Einholen und Reagieren auf Benutzerfeedback und Analysen.

Benutzerfeedback und Analysen sind ein wesentlicher Bestandteil des Entwicklungsprozesses, da sie Einblicke in die Art und Weise bieten, wie Ihre Kunden tatsächlich mit Ihrem Produkt interagieren und es wahrnehmen. Diese Erkenntnisse sind von grundlegender Bedeutung für die Maximierung des Nutzens und Werts Ihres MVP, da sie zu fundierten Entscheidungen führen, die sich auf Produktentwicklung, Marketing, Vertrieb und Kundensupport auswirken.

In diesem Abschnitt besprechen wir verschiedene Methoden und Tools zum Sammeln von Benutzerfeedback und Analysen sowie die Interpretation und Umsetzung der gesammelten Erkenntnisse.

1. Nutzen Sie Feedbackkanäle

Wenn es darum geht, Nutzerfeedback einzuholen, ist es wichtig, Ihren Kunden verschiedene Kanäle zur Verfügung zu stellen, über die sie ihre Meinung äußern können. Zu diesen Kanälen können gehören:

- **Kundensupport:** Stellen Sie sicher, dass Ihr Support-Team aktiv auf Kundenfeedback hört und gleichzeitig auf Bedürfnisse per E-Mail, Live-Chat oder Telefongespräche eingeht. Weisen Sie sie an, jegliches Feedback zur Überprüfung und Analyse zu dokumentieren.
- **Online-Umfragen:** Mit Tools wie Google Forms, SurveyMonkey oder Typeform können Sie umfassende Umfragen erstellen, die Sie an Ihre Kunden senden können. Sie können diese Plattformen nutzen, um Benutzern direkte Fragen zu Ihrem Produkt zu stellen, die Zufriedenheit zu messen und allgemeines Feedback einzuholen.
- **Soziale Medien:** Überwachen Sie Ihre Social-Media-Konten auf Feedback, das durch Direktnachrichten oder Kommentare zu Ihren Beiträgen eingehen kann. Ermutigen Sie Benutzer, ihre Meinung zu äußern, indem Sie aktiv mit ihnen interagieren und auf etwaige Bedenken eingehen.
- **Benutzer-Feedback-Formulare:** Betten Sie Benutzer-Feedback-Formulare auf Ihrer Website oder in Ihrem MVP ein, sodass Benutzer jederzeit während ihrer Erfahrung mit Ihrem Produkt problemlos Feedback geben können.

2. In-App-Analyse

Neben der Erfassung qualitativer Daten von Benutzern müssen Sie auch die Erfassung quantitativer Daten mithilfe von Analysetools in Betracht ziehen. Diese Tools überwachen das Benutzerverhalten und können unschätzbare Erkenntnisse für datengesteuerte Verbesserungen Ihres Produkts liefern. Beispiele für Analysetools sind:

- **Google Analytics:** Ein beliebtes und leistungsstarkes Analysetool, das Erkenntnisse darüber liefern kann, wie Benutzer mit Ihrer Website interagieren, einschließlich Metriken wie Sitzungsdauer, Absprungraten und Benutzerfluss. Sie können auch Conversion-Tracking-Ziele einrichten, um zu messen, wie effektiv Ihr MVP die Geschäftsziele erreicht.
- **Mixpanel:** Mixpanel ist eine ereignisbasierte Analyseplattform, die Benutzerinteraktionen mit Ihrem Produkt in Echtzeit verfolgt. Es bietet detaillierte Einblicke in die Art und Weise, wie Benutzer mit verschiedenen Features oder Funktionalitäten interagieren, und deckt Muster auf, die zu Optimierungsmöglichkeiten führen können.
- **Amplitude:** Ähnlich wie Mixpanel ist Amplitude eine weitere Plattform, mit der Sie Kundenverhaltensdaten in großem Maßstab analysieren können. Mit einem Fokus auf Wachstum können Sie die Daten von Amplitude nutzen, um die Benutzerbindung zu optimieren, das Onboarding-Erlebnis zu verbessern und die Kundeninteraktionen zu personalisieren.

3. Analyse der Daten

Das bloße Sammeln von Benutzerfeedback und Analysen reicht nicht aus; Sie müssen sich die Zeit nehmen, die Daten gründlich zu prüfen und zu interpretieren und nach Mustern und Trends zu suchen, die auf Verbesserungsmöglichkeiten hinweisen könnten. Berücksichtigen Sie die folgenden Schritte in Ihrem Datenanalyseprozess:

1. **Benutzer-Feedback organisieren:** Kategorisieren Sie Feedback und verwenden Sie ein System, um die dringendsten oder wirkungsvollsten Erkenntnisse zu priorisieren und sofortige Maßnahmen zu ergreifen.

2. **Identifizieren Sie gemeinsame Themen:** Suchen Sie in mehreren Benutzerkommentaren nach sich wiederholenden Problemen, Wünschen oder Bedenken, da diese Bereiche darstellen können, die sofortiger Verbesserung bedürfen.
3. **Verfolgen Sie Metriken und KPIs:** Verfolgen Sie mithilfe von Tools wie Dashboards wichtige Leistungsindikatoren (KPIs) und andere wichtige Metriken, um den Fortschritt zu überwachen und datengesteuerte Entscheidungen zu treffen.
4. **Erstellen Sie Aktionspläne: Entwickeln** Sie auf der Grundlage der Analyse des gesammelten Feedbacks Aktionspläne für kritische Probleme und bestimmen Sie, wie diese Pläne umgesetzt und auf Erfolg überwacht werden können.
5. **Kontinuierlich iterieren:** Der Prozess des Sammelns, Analysierens und Reagierens auf Benutzerfeedback sollte niemals enden. Verbessern Sie Ihr Produkt kontinuierlich mit Benutzerfeedback und Analysen und bleiben Sie dabei der agilen und anpassungsfähigen Denkweise treu, die Ihr No-Code-MVP überhaupt erst inspiriert hat.

Abschließend

Ihr No-Code-MVP ist ein Mittel, um wertvolles Benutzerfeedback und Erkenntnisse zu sammeln, die als Grundlage für Entscheidungen dienen und das Wachstum fördern können. Durch proaktives Sammeln und sorgfältige Analyse sowohl qualitativer als auch quantitativer Daten können Sie ein Produkt erstellen, das bei Ihrer Zielgruppe Anklang findet und sich entsprechend ihren Bedürfnissen weiterentwickelt. Machen Sie sich den iterativen Charakter des MVP-Prozesses zunutze und lassen Sie Benutzerfeedback und Analysen zu Ihrem Kompass auf dem

Weg zur Entwicklung eines erfolgreichen digitalen Produkts werden.

6. Testen und Validieren Ihres MVP: Benutzerfeedback und Analysen

Ein MVP oder ein Minimum Viable Product ist ein Prototyp Ihres Produkts, der gerade genug Funktionen enthält, um seinen Kernwert zu bestätigen. Durch das Testen und Validieren Ihres No-Code-MVP können Sie erhebliche Mengen an Zeit und Ressourcen einsparen, die andernfalls für die Entwicklung von Funktionen aufgewendet würden, die Benutzer möglicherweise nicht wertvoll finden.

In diesem Abschnitt besprechen wir die wesentlichen Aspekte des Testens und Validierens Ihres No-Code-MVP. Wir behandeln Strategien zum Sammeln von Benutzerfeedback, zur Analyse von Nutzungsdaten und Analysen sowie zur Iteration Ihres MVP für eine bessere Markttauglichkeit.

6.1. Vorbereitung auf Benutzerfeedback

Das Feedback der Benutzer ist entscheidend, um zu verstehen, ob Ihr MVP Ihrer Zielgruppe den erwarteten Mehrwert bietet. Um Erkenntnisse von echten Benutzern zu gewinnen, müssen Sie einen gut strukturierten Feedbackprozess vorbereiten. Hier sind einige wesentliche Schritte, die Sie befolgen sollten:

6.1.1. Definieren Sie Ihre Zielgruppe

Der erste und wichtigste Schritt, um wertvolles Feedback zu erhalten, ist die Identifizierung Ihrer Zielgruppe. Machen Sie genaue Angaben zu demografischen Merkmalen, Interessen und Verhaltensweisen, die Ihre idealen Benutzer beschreiben. Indem Sie Ihre Zielgruppe definieren, können Sie sicher die richtigen Kanäle erkunden, um potenzielle Benutzer zu erreichen und deren Feedback anzufordern.

6.1.2. Erstellen Sie einen Benutzer-Feedback-Plan

Erstellen Sie einen Plan, der festlegt, wie Sie Benutzer-Feedback sammeln, wer für das Sammeln und Analysieren verantwortlich ist, wie viel Feedback Sie sammeln möchten und den Zeitplan für die Feedback-Sammlung. Dieser Plan hilft Ihnen dabei, während Ihrer MVP-Testphase organisiert und konzentriert zu bleiben.

6.1.3. Entwickeln Sie einen benutzerfreundlichen Feedback-Kanal

Entwickeln Sie eine einfache und zugängliche Möglichkeit für Benutzer, ihre Gedanken zu Ihrem MVP mitzuteilen. Dies kann ein einfaches Online-Formular, eine E-Mail-Adresse oder sogar Direktnachrichten auf Social-Media-Plattformen sein. Stellen Sie sicher, dass Sie mitteilen, dass Sie ihren Beitrag wertschätzen und wertschätzen.

6.2. Sammeln von Benutzerfeedback

Sobald Sie gut vorbereitet sind und wissen, an wen Sie sich wenden müssen, ist es an der Zeit, das Feedback der Benutzer einzuholen. Hier sind einige Methoden, um Ihre Zielgruppe zu erreichen und ihre Gedanken zu sammeln:

6.2.1. Umfragen und Fragebögen

Erstellen Sie prägnante und gut strukturierte Umfragen oder Fragebögen, um quantitative Daten von Ihrer Zielgruppe zu sammeln. Es gibt zahlreiche Online-Tools wie Google Forms, SurveyMonkey oder Typeform zum Erstellen und Verteilen Ihrer Umfrage. Verwenden Sie eine Mischung aus

137

offenen und geschlossenen Fragen, um detaillierte Antworten zu erfassen.

6.2.2. Interviews

Die Durchführung von Einzelinterviews mit Benutzern bietet tiefere Einblicke in ihre Erfahrungen mit Ihrem MVP. Bereiten Sie eine Reihe von Fragen zu Ihrem Produkt, seinen Funktionen und seiner Benutzerfreundlichkeit vor. Verwenden Sie offene Fragen wie *„Was hat Ihnen an diesem Produkt am besten gefallen?"* oder *„Was kann an diesem Produkt verbessert werden?"* um detailliertes und umsetzbares Feedback zu erhalten.

6.2.3. Benutzertests

Laden Sie Benutzer ein, Ihr MVP in einer kontrollierten Umgebung zu testen, entweder aus der Ferne oder persönlich. Beobachten Sie ihre Interaktionen mit Ihrem Produkt, bitten Sie sie, laut zu denken, während sie durch die Funktionen navigieren, und erfassen Sie ihre natürlichen Reaktionen. Dieser praktische Ansatz für Benutzerfeedback ist von unschätzbarem Wert für das Verständnis der Benutzerfreundlichkeit und Benutzererfahrung Ihres MVP.

6.3. Analyse von Benutzerfeedback und Analysen

Nachdem Sie Benutzerfeedback gesammelt haben, ist es an der Zeit, die Daten zu analysieren und Muster zu identifizieren, die als Leitfaden für Ihre Produktiterationen dienen können. Hier sind einige Tipps, die Ihnen helfen, Benutzerfeedback effektiv zu analysieren:

6.3.1. Feedback kategorisieren

Kategorisieren Sie das Benutzerfeedback nach Thema (z. B. Benutzerfreundlichkeit, Funktionen, Design) und Priorität (z. B. kritische Probleme, Verbesserungen, „nice-to-have"). Dies wird Ihnen helfen, häufige Schwachstellen und Bereiche mit Verbesserungspotenzial zu identifizieren.

6.3.2. Quantitative und qualitative Analyse

Analysieren Sie quantitative Daten (z. B. Umfrageergebnisse), um die allgemeine Benutzerstimmung zu verstehen und Trends zu erkennen. Analysieren Sie qualitatives Feedback (z. B. Interviewantworten), um tiefere Einblicke in die Gedanken und Wahrnehmungen der Benutzer zu gewinnen. Durch die Kombination sowohl quantitativer als auch qualitativer Daten erhalten Sie ein ganzheitliches Verständnis der Leistung Ihres MVP.

6.3.3. Verwenden Sie Analysetools ohne Code

Analysetools ohne Code wie Google Analytics, Hotjar oder Mixpanel können wertvolle Erkenntnisse darüber liefern, wie Benutzer mit Ihrem MVP interagieren. Mit diesen Tools können Sie Benutzeraktivitäten verfolgen, etwaige Engpässe identifizieren und das gesamte Benutzererlebnis messen.

6.4. Iterieren und Überwachen

Mithilfe der Erkenntnisse aus Benutzerfeedback und Analysen ist es an der Zeit, Ihr Produkt zu überarbeiten und seine Funktionalität, Benutzerfreundlichkeit oder sein Erscheinungsbild zu verbessern. Überwachen Sie kontinuierlich das Benutzerfeedback, verfolgen Sie Ihre KPIs und treffen Sie datengesteuerte Entscheidungen, um Ihren MVP zu verbessern.

Zusammenfassend lässt sich sagen, dass das Testen und Validieren Ihres No-Code-MVP ein entscheidender Schritt zum Aufbau eines erfolgreichen Produkts ist. Durch das Sammeln von Benutzerfeedback, die Analyse von Nutzungsdaten und die Iteration auf der Grundlage von Benutzererkenntnissen können Sie die Chancen erheblich erhöhen, dass Ihr Produkt bei Ihrer Zielgruppe Anklang findet und auf dem Markt erfolgreich ist.

6.1 Bedeutung von Benutzerfeedback und Analysen in No-Code MVP

Bevor wir uns mit den Methoden und Tools befassen, die Sie zum Testen und Validieren Ihres No-Code-MVP verwenden können, lassen Sie uns verstehen, warum Benutzerfeedback und Analysen überhaupt notwendig sind. Der Aufbau eines Startups von Grund auf ist ein ressourcen- und zeitintensiver Prozess. Sie möchten Ihre Mühe nicht damit verschwenden, ein Produkt zu entwickeln, das niemand braucht oder will. Hier kommt die Validierung Ihres MVP ins Spiel.

Ein MVP (Minimum Viable Product) ist eine abgespeckte Version Ihres Endprodukts, die entwickelt wurde, um die Marktnachfrage zu testen und sicherzustellen, dass Sie auf dem richtigen Weg sind. Benutzerfeedback und Analysen während der MVP-Phase können Einblicke und Informationen in Bezug auf Folgendes liefern:

1. **Marktnachfrage:** Gibt es eine ausreichende Nachfrage für Ihr Produkt?
2. **Wertversprechen:** Löst Ihr Produkt ein Problem oder erfüllt es ein Bedürfnis Ihrer Zielbenutzer?
3. **Benutzerfreundlichkeit:** Ist Ihr Produkt für Ihre Zielgruppe einfach zu bedienen und zu verstehen?

4. **Funktionspriorisierung:** Welche Funktionen werden von Ihren Benutzern als wesentlich erachtet und welche können später hinzugefügt oder basierend auf Benutzerfeedback verbessert werden?
5. **Verfeinerung und Iteration:** Wie können Sie Ihr MVP basierend auf Benutzerfeedback und Analysedaten iterieren und verbessern?

Um Benutzerfeedback zu sammeln und ihr Verhalten bei der Verwendung Ihres No-Code-MVP zu analysieren, ist eine Kombination aus qualitativen und quantitativen Methoden von entscheidender Bedeutung.

Qualitatives Benutzer-Feedback

Qualitatives Feedback bezieht sich auf alle nicht metrischen Daten, die Ihnen helfen zu verstehen, wie Ihre Benutzer Ihr MVP fühlen und wahrnehmen. Zu den qualitativen Methoden können gehören:

1. **Benutzerinterviews:** Führen Sie Interviews mit frühen Benutzern Ihres MVP durch und konzentrieren Sie sich dabei darauf, deren Gesamterfahrung, Vorlieben, Abneigungen und Verbesserungsvorschläge zu verstehen. Es ist wichtig, offene Fragen zu stellen, um das Feedback der Benutzer nicht zu verfälschen.
2. **Fokusgruppen:** Binden Sie kleine Gruppen Ihrer Zielgruppe ein und bitten Sie sie, in einem Diskussionskontext Feedback zu Ihrem MVP zu geben. Fokusgruppen können unterschiedliche Meinungen äußern und zu wertvollen Debatten über die Eigenschaften und den Wert Ihres Produkts führen.
3. **Benutzerumfragen und Fragebögen:** Erstellen Sie detaillierte Umfragen und Fragebögen und fragen Sie

Benutzer nach ihren Erfahrungen, Schwachstellen oder Verbesserungen, die sie für den MVP visualisieren. Umfragen können auch offene Feedback-Abschnitte enthalten, um qualitativere Erkenntnisse zu gewinnen.

4. **Beobachtung und Aufgabenanalyse:** Beobachten Sie Benutzer, während sie mit Ihrem MVP interagieren, entweder persönlich oder über Tools zur Bildschirmfreigabe. Sie können aus erster Hand wertvolle Einblicke darüber gewinnen, wie Benutzer Ihr Produkt verwenden, welche Aspekte sie als verwirrend oder unintuitiv empfinden und auf welche Bereiche sie sich am meisten konzentrieren.

Quantitative Benutzeranalyse

Quantitative Analysen beziehen sich auf die gesammelten numerischen Daten zum Benutzerverhalten, die analysiert werden können, um Erkenntnisse darüber zu gewinnen, wie Benutzer mit Ihrem MVP interagieren. Mit mehreren No-Code-Tools können Sie verschiedene Benutzerinteraktionen in Ihrem Produkt verfolgen. Analysedaten können dabei helfen, Ihre Hypothesen zu validieren, unerwartete Verhaltensmuster aufzudecken und Ihr No-Code-MVP zu optimieren. Zu den zu berücksichtigenden quantitativen Methoden gehören:

1. **Nutzungsmetriken:** Sammeln Sie Analysen zu den am häufigsten verwendeten Funktionen, der durchschnittlichen Zeit, die Sie auf Ihrem MVP verbringen, und der Anzahl der einzelnen Benutzer, die Ihre Website besuchen.

2. **Akquisekennzahlen:** Identifizieren Sie die effektivsten Kanäle, über die Sie neue Benutzer gewinnen, und messen Sie den Return on Investment (ROI) für diese Kanäle.

3. **Bindung und Abwanderung:** Messen Sie die Benutzerbindung im Laufe der Zeit, um zu verstehen, ob Benutzer Ihr MVP weiterhin verwenden und es wertvoll finden oder ob sie es nach den ersten paar Interaktionen aufgeben.
4. **Konversionsraten:** Verfolgen Sie die Konversionsraten für verschiedene Aktionen wie Benutzeranmeldungen, Käufe oder andere gewünschte Aktionen, abhängig von den Zielen Ihres MVP.

Beliebte No-Code-Analysetools

Hier sind einige beliebte No-Code-Analysetools, die Sie schnell auf Ihrem MVP implementieren können:

1. Google Analytics : Ein leistungsstarkes und weit verbreitetes Analysetool zur Verfolgung des Benutzerverhaltens und der Verkehrsquellen.
2. Heap : Ein ereignisbasiertes Analysetool, das Benutzerinteraktionen wie Klicks und Seitenaufrufe automatisch verfolgt und es Ihnen ermöglicht, das Benutzerverhalten rückwirkend zu analysieren.
3. Mixpanel : Ein robustes Analysetool, das durch Trichteranalyse, Kohortenanalyse und Segmentierung Erkenntnisse über das Benutzerverhalten liefert.
4. Hotjar : Ein Tool zur Benutzerfeedback- und Verhaltensanalyse, das Heatmaps, Sitzungsaufzeichnungen und Benutzerumfragen bereitstellt.

Während Sie beim Testen und Validieren Ihres No-Code-MVP voranschreiten, trägt eine gute Mischung aus qualitativen und quantitativen Methoden wesentlich dazu bei, umsetzbare Erkenntnisse zu gewinnen, die zu einer besseren Entscheidungsfindung, Funktionspriorisierung und

Optimierung der Benutzererfahrung führen können. Denken Sie immer daran, dass der Hauptzweck Ihres MVP darin besteht, zu lernen und zu iterieren. Nutzen Sie also Feedback und Analysen, um sicherzustellen, dass Sie ein Produkt entwickeln, das Ihre Benutzer begeistert und ihre Bedürfnisse effektiv erfüllt.

6.1 Sammeln Sie wichtiges Benutzerfeedback und analysieren Sie Daten für Ihr No-Code-MVP

Für die Gestaltung und Verfeinerung Ihres Produkts ist es von entscheidender Bedeutung, Erkenntnisse von Ihren Benutzern zu gewinnen und die während des MVP-Tests gesammelten Daten zu analysieren. In dieser Phase können Sie Funktionen verwerfen, die Benutzer als unattraktiv, verwirrend oder unnötig empfinden, und sich an denjenigen arbeiten, die tatsächlich einen Mehrwert schaffen. In diesem Abschnitt werden wir verschiedene Methoden zum Sammeln von Benutzerfeedback skizzieren und außerdem Tools und Strategien diskutieren, um datengesteuerte Entscheidungen für Ihr No-Code-MVP zu treffen.

6.1.1 Benutzerumfragen und Interviews

Benutzerumfragen: Umfragen sind eine beliebte Möglichkeit, Feedback von Benutzern einzuholen, da sie einfach zu erstellen und zu verbreiten sind und anonymisiert werden können, um offene Antworten zu fördern. Mithilfe von Umfragetools wie Typeform, Survey Monkey oder sogar Google Forms können Sie Ihre eigenen Umfragen erstellen, die auf Ihren MVP zugeschnitten sind.

- Beginnen Sie mit grundlegenden demografischen Fragen (z. B. Alter, Geschlecht, Standort), um das Profil Ihrer Benutzer zu verstehen.
- Fügen Sie Fragen zur Erfahrung des Benutzers mit Ihrem MVP ein, z. B. wie oft er es verwendet und was ihm daran gefällt oder nicht gefällt.
- Erhalten Sie konkretes Feedback zu einzelnen Funktionen sowie zur allgemeinen Benutzerfreundlichkeit Ihres Produkts.
- Stellen Sie abschließend offene Fragen, um den Benutzern die Möglichkeit zu geben, ihre Meinung zu äußern und Vorschläge zu machen.

Denken Sie daran, die Umfrage kurz und prägnant zu halten, um eine höhere Rücklaufquote zu gewährleisten.

Benutzerinterviews: Während Umfragen Ihnen viele Informationen liefern können, kann manchmal ein persönliches Gespräch erforderlich sein, um tiefere Erkenntnisse zu gewinnen. Planen Sie Interviews mit Ihren Benutzern und stellen Sie ihnen detaillierte Fragen zu ihren Erfahrungen mit Ihrem Produkt. Beobachten Sie während dieser Diskussionen die Körpersprache, den Tonfall und die Wortwahl des Benutzers, um seine Gefühle und Reaktionen auf Ihr Produkt besser zu verstehen.

6.1.2 In-App-Feedback und Usability-Tests

In-App-Feedback-Tools: Es ist wichtig, es den Benutzern so einfach wie möglich zu machen, Feedback zu geben, während sie mit Ihrem Produkt interagieren. Durch die Integration von Tools wie UserReport, Hotjar oder Mopinion können Benutzer Vorschläge einreichen, Fehler melden und ihre Meinung äußern, ohne die App zu verlassen.

Usability-Tests: Bei dieser Methode werden Benutzer bei der Interaktion mit Ihrem Produkt beobachtet, sodass Sie Hindernisse oder Bereiche identifizieren können, in denen sie möglicherweise Probleme haben. Sie können Usability-Tests remote über Plattformen wie UserTesting oder TryMyUI durchführen oder sie persönlich durchführen, um einen genauen Einblick in die Erfahrung des Benutzers zu erhalten.

6.1.3 Metriken und Datenanalyse

Das Sammeln von Kennzahlen und das Analysieren von Daten ist entscheidend, um den Erfolg Ihres MVP zu messen und evidenzbasierte Entscheidungen über seine zukünftige Entwicklung zu treffen. Während qualitative Daten wie Benutzerfeedback unerlässlich sind, sollten Sie auch quantitative Daten verwenden, um die gewonnenen Erkenntnisse zu untermauern. Hier sind einige wichtige Kennzahlen, auf die Sie sich konzentrieren sollten:

- **Bindung** : Dies gibt die Anzahl der Benutzer an, die Ihr Produkt im Laufe der Zeit weiterhin verwenden. Eine hohe Bindung deutet darauf hin, dass Ihr MVP den Benutzern einen Mehrwert bietet, während eine niedrige Bindung darauf hinweist, dass es Raum für Verbesserungen gibt.
- **Benutzerakquise** : Die Anzahl neuer Benutzer, die Sie in einem bestimmten Zeitraum gewinnen, zeigt Ihr Wachstum an. Vergleichen Sie Ihre Benutzerakquiserate mit Ihrer Retentionsrate, um den Gesamterfolg Ihres Produkts zu beurteilen.
- **Conversion-Rate** : Wenn Ihr MVP ein Endziel hat (z. B. Kauf, Abonnement oder Registrierung), misst die Conversion-Rate den Prozentsatz der Benutzer, die dieses Ziel erreichen.

- **Engagement** : Dies umfasst verschiedene Kennzahlen wie die mit Ihrer App verbrachte Zeit, die Häufigkeit der Nutzung und Interaktionen mit bestimmten Funktionen. Engagement kann Aufschluss über den Grad der Benutzerzufriedenheit und Bereiche geben, in denen Verbesserungen erforderlich sind.

6.1.4 Analysieren und Lernen aus den Daten

Es reicht nicht aus, einfach Feedback und Daten zu sammeln – Sie müssen diese analysieren und daraus wertvolle Erkenntnisse ableiten, die zu Maßnahmen führen. Hier sind einige Best Practices für die Analyse und das Lernen aus den Daten:

- Suchen Sie nach Mustern im Benutzerfeedback und priorisieren Sie die am häufigsten gemeldeten Probleme oder Verbesserungsvorschläge.
- Analysieren Sie Umfrageergebnisse mithilfe visueller Hilfsmittel wie Diagrammen und Grafiken, um Trends und Ausreißer leicht zu erkennen.
- Richten Sie eine „Feedbackschleife" ein, indem Sie regelmäßig Änderungen auf der Grundlage von Benutzervorschlägen überprüfen und umsetzen und das Ergebnis verfolgen. Dies wird Ihnen helfen, Ihr Produkt im Laufe der Zeit zu iterieren und zu verbessern.

Indem Sie Ihr Benutzerfeedback sorgfältig auswerten und die Daten Ihres MVP analysieren, können Sie Bereiche mit Verbesserungspotenzial identifizieren, Ihre anfänglichen Annahmen validieren und Ihre Zielgruppe besser verstehen. Mit diesem Wissen können Sie datengesteuerte Entscheidungen treffen, um die Zukunft Ihres Produkts zu gestalten und letztendlich den Erfolg Ihrer Startup-Idee zu bestimmen.

7. Datengesteuerte Verbesserungen vornehmen: Ihr Produkt verfeinern und optimieren

7.1. Sammeln Sie wertvolle Benutzerdaten

Der erste Schritt zur datengesteuerten Verbesserung Ihres No-Code-MVP ist das Sammeln wertvoller Benutzerdaten. Anhand der von Ihnen gesammelten Daten können Sie verstehen, wie Benutzer mit Ihrem Produkt interagieren, und Bereiche aufdecken, die optimiert werden müssen.

7.1.1. Legen Sie Ziele und KPIs fest

Bevor Sie mit der Datenerfassung beginnen, ist es wichtig, Ihre Ziele und Key Performance Indicators (KPIs) zu identifizieren. Diese Ziele sollten mit Ihren allgemeinen Geschäftszielen übereinstimmen und spezifisch, messbar, erreichbar, relevant und zeitgebunden (SMART) sein.

Zu den gängigen KPIs für No-Code-MVPs gehören:

- Benutzerinteraktion (auf der Plattform verbrachte Zeit, besuchte Seiten usw.)
- Benutzerakquise (Anzahl der Anmeldungen, Conversion-Rate vom Besucher zum Kunden usw.)

- Bindung (Prozentsatz der Benutzer, die das Produkt nach der Anmeldung weiterhin verwenden usw.)

7.1.2. Etablieren Sie Tracking-Methoden

Sobald Sie Ihre Ziele und KPIs definiert haben, ist es an der Zeit, Mechanismen zur Verfolgung von Benutzerdaten einzurichten. No-Code-MVPs profitieren von verschiedenen Tools und Plattformen, die es Ihnen ermöglichen, Benutzerinteraktionen zu überwachen, ohne eine einzige Codezeile schreiben zu müssen. Zu den beliebten Analysetools gehören Google Analytics, Mixpanel und Amplitude.

Identifizieren Sie zunächst die kritischen Benutzerströme in Ihrem Produkt, die mit Ihren Zielen und KPIs übereinstimmen. Wenn beispielsweise die Benutzerakquise ein primäres Ziel ist, sollte die Überwachung des Benutzeranmeldeprozesses Priorität haben. Beginnen Sie als Nächstes mit der Implementierung der Ereignisverfolgung mit dem von Ihnen gewählten Analysetool und stellen Sie sicher, dass Sie alle relevanten Benutzeraktionen innerhalb der Zielflüsse abdecken.

7.1.3. Daten segmentieren und analysieren

Nachdem Sie das Tracking eingerichtet haben, beginnen Sie mit der Erfassung von Benutzerdaten. Der Schlüssel liegt darin, die Daten so zu analysieren und zu interpretieren, dass umsetzbare Erkenntnisse gewonnen werden. Eine effektive Methode, dies zu erreichen, besteht darin, Ihre Daten basierend auf Benutzereigenschaften oder -aktionen zu segmentieren.

Beispielsweise möchten Sie möglicherweise Benutzer nach ihrer Traffic-Quelle segmentieren, um zu verstehen, welche Marketingkanäle die aktivsten Benutzer generieren. Alternativ könnten Sie Benutzer anhand ihrer In-App-Aktionen segmentieren – beispielsweise diejenigen, die eine bestimmte Aufgabe erledigt oder einen bestimmten Meilenstein erreicht haben.

Durch die Segmentierung Ihrer Daten gewinnen Sie wertvolle Einblicke in Verhaltensmuster und Präferenzen der Benutzer, die in Ihre MVP-Optimierungsbemühungen einfließen können.

7.2. Priorisierung von Produktverbesserungen

Mit all den wertvollen Erkenntnissen, die Sie aus der Datenanalyse gewonnen haben, ist es an der Zeit, gezielte Produktverbesserungen vorzunehmen. Es ist wichtig, diese Verbesserungen anhand von Faktoren wie potenziellen Auswirkungen, einfacher Implementierung und Ausrichtung auf Ihre Ziele und KPIs zu priorisieren.

7.2.1. Erstellen Sie eine Produkt-Roadmap

Die Entwicklung einer Produkt-Roadmap hilft Ihnen, Ihre Verbesserungen innerhalb eines bestimmten Zeitrahmens zu planen und zu priorisieren. Eine einfache, aber effektive Methode zum Erstellen einer Roadmap ist die Verwendung des ICE-Bewertungsrahmens, der für Impact, Confidence und Ease steht.

- Auswirkung: Wie stark wird sich diese Verbesserung auf Ihre KPIs oder Geschäftsziele auswirken?
- Vertrauen: Wie sicher sind Sie, dass die Verbesserung das erwartete Ergebnis bringt?
- Leichtigkeit: Wie einfach oder herausfordernd ist es, die Verbesserung umzusetzen?

Weisen Sie jeder Verbesserungsidee basierend auf diesen Faktoren eine Bewertung zu und berechnen Sie dann eine Gesamtbewertung, indem Sie die Kategoriebewertungen mitteln. Dieser ICE-Gesamtwert hilft Ihnen dabei, Verbesserungen zu priorisieren und zu bestimmen, welche zuerst in Angriff genommen werden sollten.

7.2.2. Testen und iterieren

Nachdem Sie Ihre Verbesserungen priorisiert haben, beginnen Sie mit der Implementierung in Ihrem No-Code-MVP und überwachen Sie gleichzeitig die Auswirkungen auf Ihre KPIs. Bedenken Sie, dass nicht alle Verbesserungen zu einer sofortigen Änderung führen. Bei manchen kann es einige Zeit dauern, bis sich spürbare Ergebnisse zeigen.

Nutzen Sie den Prozess der kontinuierlichen Iteration und Verfeinerung, während Sie die Auswirkungen Ihrer Änderungen analysieren und Ihre Produkt-Roadmap entsprechend anpassen. Führen Sie A/B-Tests durch, um mit verschiedenen Lösungen zu experimentieren und die effektivste Lösung für Ihre Zielgruppe zu finden.

Denken Sie daran, dass die Optimierung und Verfeinerung Ihres No-Code-MVP ein Lernprozess ist, der sowohl Erfolge als auch Misserfolge beinhaltet. Nutzen Sie Ihre datengesteuerten Erkenntnisse, um fundierte Entscheidungen zu treffen und sich an die sich ständig ändernden Bedürfnisse und Vorlieben Ihrer Benutzerbasis anzupassen.

7.3. Fördern Sie eine datengesteuerte Kultur

Datengesteuerte Verbesserungen sollten keine einmalige Übung sein, sondern Teil eines kontinuierlichen Engagements für kontinuierliches Wachstum und Verbesserung sein. Wenn Sie bei Ihren Teammitgliedern eine datengesteuerte Denkweise kultivieren, kann dies dazu beitragen, diese Praxis im gesamten Unternehmen zu etablieren.

7.3.1. Fördern Sie die Datenkompetenz

Stellen Sie sicher, dass jeder in Ihrem Team die Bedeutung von Daten, die zum Sammeln und Analysieren von Daten verwendeten Tools und die Art und Weise versteht, wie datengesteuerte Erkenntnisse Produktentscheidungen beeinflussen können. Stärken Sie Teammitglieder durch die Bereitstellung von Schulungen und Ressourcen, um ihre Datenkompetenz zu verbessern.

7.3.2. Teilen Sie Fortschritte und Erfolge

Teilen Sie regelmäßig Dateneinblicke, Fortschrittsaktualisierungen und Erfolgsgeschichten mit Ihrem Team. Dies fördert eine Kultur der Transparenz und zeigt den Wert datengesteuerter Entscheidungsfindung.

Wenn Sie diese Schritte befolgen und sich weiterhin für datengesteuerte Verbesserungen engagieren, sind Sie gut gerüstet, um Ihr No-Code-MVP zu optimieren und zu verfeinern. Dadurch schaffen Sie ein Produkt, das bei Ihrer Zielgruppe besser ankommt und Ihr Startup auf den Weg zum langfristigen Erfolg bringt.

7.1 Analysieren von Benutzerfeedback und Produktmetriken zur Optimierung Ihres No-Code-MVP

Eines der Schlüsselelemente für den Erfolg eines jeden Startups ist die Fähigkeit, das Produkt auf der Grundlage von Daten und Benutzerfeedback weiter zu verfeinern und zu optimieren. In dieser Zeit hart umkämpfter und sich schnell entwickelnder Märkte ist die Fähigkeit, schnell umzuschwenken und sich anzupassen, ein Grundstein für den Erfolg. Beim Aufbau eines No-Code-MVP sollte das Ziel nicht nur darin bestehen, Ihr Produkt zu entwickeln und auf den Markt zu bringen, sondern auch die Kraft der Daten zu nutzen, um fundierte Verbesserungen vorzunehmen und so ein wertvolleres und ansprechenderes Produkt für Ihre Benutzer zu schaffen. Hier besprechen wir, wie Sie Benutzerfeedback und Produktmetriken analysieren und so datengesteuerte Verbesserungen für Ihr No-Code-MVP ermöglichen können.

Datensammlung

Bevor wir uns mit der Analyse von Daten und Benutzerfeedback befassen, müssen wir zunächst sicherstellen, dass die richtigen Datenpunkte erfasst werden. Im Folgenden sind einige wesentliche Aspekte der Datenerfassung für einen No-Code-MVP aufgeführt:

1. **Verfolgung des Benutzerverhaltens** : Nutzen Sie Analysetools (wie Google Analytics oder Mixpanel), um die Benutzerinteraktion mit Ihrem Produkt zu verfolgen. Identifizieren Sie die wichtigsten Leistungsindikatoren (KPIs) Ihrer Anwendung und stellen Sie sicher, dass Ihre Analysetools in der Lage sind, jeden KPI zu verfolgen.
2. **Funktionsnutzungsberichte** : Analysieren Sie, wie häufig jede Funktion Ihres Produkts von Ihren Benutzern verwendet wird. Diese Informationen geben Ihnen einen Überblick darüber, welche Funktionen wesentlich sind und am häufigsten verwendet werden und welche möglicherweise einer weiteren Verbesserung oder Neubewertung bedürfen.
3. **Benutzer-Feedback** : Suchen Sie aktiv über verschiedene Kanäle nach Benutzer-Feedback. Sie können Umfragen, Feedback-Widgets, soziale Medien oder den direkten Kontakt mit Benutzern nutzen, um mehr über deren Meinung zu Ihrem Produkt zu erfahren. Das Sammeln qualitativer Daten aus Benutzerfeedback hilft Ihnen, potenzielle Verbesserungsbereiche zu identifizieren, die durch rein quantitative Produktdaten möglicherweise nicht sichtbar sind.

Quantitative Daten analysieren und Trends erkennen

Sobald Sie die relevanten Daten gesammelt haben, sollten Sie alle sich abzeichnenden Trends oder Muster in der Leistung Ihres Produkts untersuchen. Konzentrieren Sie sich in diesem Schritt auf Ihre KPIs und andere wichtige Kennzahlen. Führen Sie die folgende Analyse durch:

1. **Trichteranalyse** : Verstehen Sie die User Journey und identifizieren Sie, wo potenzielle Engpässe liegen, die zu Abbrüchen führen könnten. Wenn Benutzer beispielsweise Ihre Website während des Anmeldevorgangs verlassen, müssen Sie möglicherweise Ihr Registrierungsformular vereinfachen oder Social-Login-Optionen anbieten.
2. **Kohortenanalyse** : Gruppieren Sie Benutzer anhand ähnlicher Merkmale, beispielsweise nach dem Zeitpunkt ihres Beitritts, und vergleichen Sie ihr Verhalten, um Trends zu erkennen. Beispielsweise stellen Sie möglicherweise fest, dass Benutzer, die Ihr Produkt über einen bestimmten Marketingkanal entdeckt haben, bessere Bindungsraten haben.
3. **A/B-Tests** : Experimentieren Sie mit verschiedenen Produktfunktionen und -änderungen, um zu sehen, welche Auswirkungen sie auf das Benutzerverhalten haben. Sie könnten beispielsweise verschiedene Farbschemata oder UI-Elemente testen, um zu verstehen, welche Version das beste Benutzererlebnis für Ihre Zielgruppe bietet.
4. **Segmentierung** : Analysieren Sie, wie verschiedene Benutzergruppen mit Ihrem Produkt interagieren, um wertvolle Erkenntnisse über Ihre Zielgruppe zu gewinnen. Möglicherweise stellen Sie fest, dass eine bestimmte Benutzergruppe engagierter ist als andere oder höhere Conversion-Raten aufweist.

Qualitatives Feedback nutzen, um Produktentscheidungen zu treffen

Während quantitative Daten wertvolle Erkenntnisse liefern, ist es ebenso wichtig, qualitatives Feedback aus Benutzererfahrungen zu sammeln. Hier sind einige

Möglichkeiten, qualitatives Benutzerfeedback effektiv zu analysieren:

1. **Feedback kategorisieren** : Identifizieren Sie wiederkehrende Themen und Schwachstellen aus dem Benutzerfeedback. Kategorisieren Sie sie in verschiedene Bereiche wie Verbesserungen, Funktionsanfragen oder Fehlerberichte.
2. **Priorisieren Sie Benutzerfeedback** : Bewerten Sie die Auswirkungen und den Aufwand, der zur Umsetzung des Feedbacks erforderlich ist, und priorisieren Sie es entsprechend. Konzentrieren Sie sich auf Verbesserungen mit großer Wirkung und geringem Aufwand, um den Wert der Änderungen, die Sie an Ihrem Produkt vornehmen, zu maximieren.
3. **Benutzer-Personas erkennen** : Durch die Analyse des Benutzer-Feedbacks können Sie verschiedene Benutzer-Personas und ihre spezifischen Bedürfnisse identifizieren und so Ihr Produkt so anpassen, dass es diese individuellen Bedürfnisse besser erfüllt.

Implementierung datengesteuerter Verbesserungen

Sobald Sie eine eingehende Analyse sowohl der quantitativen Daten als auch des qualitativen Feedbacks durchgeführt haben, ist es an der Zeit, datengesteuerte Verbesserungen an Ihrem No-Code-MVP vorzunehmen. Befolgen Sie diese Schritte, um den Erfolg Ihres Produktveredelungsprozesses sicherzustellen:

1. **Erstellen Sie eine Entwicklungs-Roadmap** : Detaillieren und priorisieren Sie die aus Ihrer Datenanalyse ermittelten Verbesserungen und erstellen Sie einen Zeitplan für die Umsetzung.

2. **Kommunizieren Sie mit Benutzern** : Informieren Sie Ihre Benutzer über bevorstehende Verbesserungen und danken Sie ihnen für ihr wertvolles Feedback. Heben Sie die Änderungen hervor, die ein direktes Ergebnis ihrer Eingaben sind, um zu zeigen, dass Sie ihre Meinung wertschätzen und aktiv daran arbeiten, ihre Erfahrung zu verbessern.

3. **Iterieren** : Sammeln Sie auch nach der Implementierung von Verbesserungen weiterhin Daten und Feedback. Analysieren Sie das Ergebnis Ihrer Änderungen und verfeinern Sie Ihr Produkt basierend auf Benutzereingaben weiter.

Durch die konsequente Analyse von Benutzerfeedback und Produktmetriken können Sie Ihr No-Code-MVP kontinuierlich verfeinern, was zu einem erfolgreicheren Produkt mit größerer Benutzerzufriedenheit führt. Denken Sie daran: Der Schlüssel zum langfristigen Erfolg Ihres Startups liegt in einem unermüdlichen Fokus auf datengesteuerte Verbesserungen, die auf die sich ändernden Bedürfnisse und Wünsche Ihrer Benutzer zugeschnitten sind.

7.2 Durchführung quantitativer Analysen: Finden Sie wichtige Kennzahlen, die Sie verfolgen sollten

Wenn Sie beginnen, Kunden mit Ihrem No-Code-MVP anzusprechen, ist es wichtig, deren Verhalten und Interaktionen mit Ihrem Produkt zu messen. Doch bevor Sie anfangen, in Daten zu ertrinken, ist es wichtig, die wichtigsten Kennzahlen zu ermitteln, die Sie verfolgen möchten. Durch die Analyse dieser Daten gewinnen Sie Erkenntnisse, die Ihnen helfen, datengesteuerte Entscheidungen zu treffen, Ihr MVP zu verfeinern und seine

Leistung zu optimieren. In diesem Abschnitt erfahren Sie, wie Sie eine quantitative Analyse durchführen, indem Sie die wichtigsten Kennzahlen identifizieren, sie verfolgen und die Ergebnisse interpretieren.

7.2.1 Definieren der wichtigen Metriken

Abhängig von Ihrem Produkt, Ihrer Branche und Ihrer Zielgruppe können die Kennzahlen, auf die Sie achten müssen, unterschiedlich sein. Es gibt jedoch einige universelle Kennzahlen, die die meisten Startups nützlich finden. Diese beinhalten:

1. **Akquise** : Verstehen, woher Ihre Benutzer kommen und welche Kanäle den Traffic am effektivsten zu Ihrem MVP lenken.
2. **Aktivierung** : Messung des Prozentsatzes der gewonnenen Benutzer, die die erste wertvolle Aktion, wie z. B. die Anmeldung, auf Ihrem MVP durchführen.
3. **Retention** : Analyse der Rate, mit der Benutzer Ihr Produkt nach der Aktivierung weiterhin verwenden.
4. **Umsatz** : Berechnung des von Ihrem MVP generierten Geldbetrags.
5. **Empfehlung** : Verfolgen Sie Benutzer, die Ihr Produkt bewerben, indem sie es anderen empfehlen.

Bei diesen fünf Kennzahlen, auch AARRR genannt, handelt es sich um die Pirate Metrics, die von Dave McClure, dem Gründer von 500 Startups, entwickelt wurden. Natürlich können diese übergeordneten Kennzahlen weiter in bestimmte Aktionen oder Ereignisse heruntergebrochen werden, die Ihnen tiefere Einblicke ermöglichen. Für eine aussagekräftige quantitative Analyse ist es von entscheidender Bedeutung, diese spezifischen Kennzahlen zu identifizieren und regelmäßig zu verfolgen.

7.2.2 Verfolgen Sie Ihre Metriken

Sobald Sie die wichtigsten Kennzahlen identifiziert haben, benötigen Sie Tools, um diese zu verfolgen. Dank No-Code-Plattformen können Sie Analysen problemlos integrieren, ohne dass Programmierkenntnisse oder technisches Fachwissen erforderlich sind. Zu den beliebten und zugänglichen Tools gehören:

- Google Analytics: Ein umfassendes Analysetool, das den Website-Verkehr, das Nutzerengagement und andere wichtige Kennzahlen verfolgt.
- Mixpanel: Eine leistungsstarke Analyseplattform für Mobil- und Webprodukte, die sich auf die Verfolgung von Benutzeraktionen (Ereignissen) und die Segmentierung von Benutzern (Kohorten) konzentriert.
- Hotjar: Ein Tool, das Heatmaps, Besucheraufzeichnungen und Conversion-Funnels bereitstellt, um Ihnen bei der Optimierung des Benutzererlebnisses zu helfen.

Mit der richtigen Einrichtung und Konfiguration dieser Tools beginnen Sie, wertvolle Daten zu sammeln, die Ihnen helfen zu verstehen, wie Benutzer mit Ihrem MVP interagieren. Achten Sie darauf, das Benutzerverhalten von Anfang an zu verfolgen, da diese Daten von unschätzbarem Wert sein werden, wenn Sie Ihr MVP iterieren und es für die beste Leistung optimieren.

7.2.3 Interpretation und Reaktion auf die Daten

Wenn Sie Daten von Ihrem MVP sammeln und analysieren, gewinnen Sie Erkenntnisse, die Ihnen helfen können, besser auf die Bedürfnisse Ihrer Kunden einzugehen. Suchen Sie in den Daten nach Trends, Mustern und Anomalien, die auf Verbesserungsmöglichkeiten oder weitere Untersuchungen hinweisen könnten.

Wenn Sie beispielsweise feststellen, dass Benutzer an einem bestimmten Punkt Ihres Onboarding-Prozesses häufig abbrechen, müssen Sie möglicherweise den Ablauf anpassen oder in diesem Schritt mehr Unterstützung leisten. Wenn ein Marketingkanal hingegen eine beträchtliche Menge an Traffic generiert, könnte es sich lohnen, mehr Ressourcen in diesen Kanal zu investieren, um seine Leistung zu steigern.

Denken Sie daran, dass das Ziel nicht darin besteht, Eitelkeitskennzahlen hinterherzujagen, sondern Chancen zu identifizieren und Ihr MVP zu optimieren, um Ihren Kunden den größtmöglichen Mehrwert zu bieten. Wenn Sie auf neue Erkenntnisse stoßen, ist es wichtig, Ihr Produkt kontinuierlich zu testen und zu verfeinern.

7.2.4 Iterieren und Experimentieren

Ihr MVP muss flexibel und anpassungsfähig an die sich ständig ändernden Marktanforderungen und Kundenerwartungen sein. Die traditionelle Methode, alle sechs bis zwölf Monate umfangreiche Updates oder Produktänderungen vorzunehmen, wird in der heutigen schnelllebigen digitalen Landschaft nicht ausreichen.

Nehmen Sie stattdessen eine Mentalität der schnellen Iteration und des Experimentierens an. Nutzen Sie die von Ihnen gesammelten Daten und gewonnenen Erkenntnisse, um Ihr MVP kontinuierlich zu verfeinern. Verwenden Sie

A/B-Tests, um verschiedene Versionen Ihres Produkts oder darin enthaltener Elemente zu vergleichen und festzustellen, welche bei Ihren Benutzern am meisten Anklang finden.

Denken Sie daran, dass die Verfeinerung und Optimierung Ihres Produkts ein fortlaufender Prozess ist. Genau wie bei der Validierung Ihrer Produktidee durch ein No-Code-MVP ermöglichen Ihnen datengesteuerte iterative Verbesserungen, schnell auf die sich ändernden Bedürfnisse Ihrer Kunden zu reagieren und stets das bestmögliche Produkt zu liefern.

Zusammenfassend lässt sich sagen, dass die Verfolgung und Analyse wichtiger Kennzahlen entscheidend für das Wachstum und den Erfolg Ihres Startups ist. Durch die Definition, Verfolgung und Interpretation dieser Metriken können Sie Ihr No-Code-MVP kontinuierlich verbessern und die richtigen datengesteuerten Entscheidungen für ein nachhaltiges und florierendes Unternehmen treffen.

7.1 Benutzerdaten analysieren: Verstehen Sie Ihre Zielgruppe und wie sie Ihr Produkt nutzt

Die Grundlage datengesteuerter Verbesserungen in Ihrem No-Code-MVP ist die Fähigkeit, das Verhalten Ihrer Benutzer zu analysieren und Verbesserungs-, Optimierungs- und Wachstumsbereiche zu identifizieren. Dazu müssen Sie Daten sammeln und messen, die die Benutzerinteraktionen mit Ihrem Produkt widerspiegeln. Dadurch können Sie fundierte Entscheidungen treffen, die zu besseren Benutzererlebnissen und letztlich zu erfolgreicheren MVPs führen.

7.1.1 Einrichten von Analysen für Ihren No-Code-MVP

Um datengesteuerte Entscheidungen für Ihren MVP treffen zu können, müssen Sie eine Form von Analyse einrichten, um Benutzerinteraktionen zu verfolgen. No-Code-Tools verfügen in der Regel über integrierte Analysetools oder einfach zu integrierende Analysetools von Drittanbietern wie Google Analytics, Heap oder Mixpanel.

Hier ist eine einfache Aufschlüsselung, wie Sie Analysen für einige häufig verwendete No-Code-Tools einrichten:

- **Webflow** – Webflow bietet eine integrierte Google Analytics-Integration. Sie müssen lediglich Ihre Tracking-ID in den Projekteinstellungen eingeben, den Rest erledigt Webflow. Sie können auch Google Tag Manager für ein erweitertes Tracking einrichten.
- **Bubble** – Bubble verfügt über eine integrierte Analysefunktion, die wichtige Daten wie Benutzeranzahl und Seitenaufrufe bereitstellt. Sie können auch Analysetools von Drittanbietern wie Google Analytics, Heap oder Mixpanel integrieren, indem Sie deren Tracking-Code zum Header Ihrer App hinzufügen oder Plugins verwenden.
- **Appgyver** – Mit Appgyver können Sie die von Analyseplattformen wie Google Analytics, Heap oder Mixpanel bereitgestellten JavaScript-Tracking-Codes nutzen und diese direkt in die Logik Ihrer App integrieren. Sie können auch die REST-API-Funktion verwenden, um Daten von den Analysetools abzurufen.
- **Adalo** – Adalo bietet eine einfache Schnittstelle zum Hinzufügen von Analysetools von Drittanbietern wie Google Analytics, Mixpanel oder Amplitude zu Ihrer App. Sie können diese Integrationen über den

Abschnitt „Externe Dienste" in den App-Einstellungen hinzufügen.

Denken Sie daran, dass die Einrichtung von Analysen für Ihr No-Code-MVP recht komplex werden kann und es immer empfehlenswert ist, die Beratung eines Experten einzuholen, da Sie möchten, dass die gesammelten Daten so genau und nützlich wie möglich sind.

7.1.2 Identifizierung von Key Performance Indicators (KPIs)

Sobald Sie Ihre Analyseplattform eingerichtet haben, besteht der nächste Schritt darin, die Key Performance Indicators (KPIs) zu identifizieren, die für Ihren MVP wichtig sind. KPIs sind spezifische, messbare und umsetzbare Kennzahlen, die Ihnen helfen, die Leistung Ihres Produkts im Vergleich zu Ihren Zielen zu verfolgen. Einige häufig verwendete KPIs für No-Code-MVPs sind:

- Benutzerakquise (z. B. Anmeldungen, Downloads)
- Benutzerinteraktion (z. B. täglich aktive Benutzer, Sitzungsdauer)
- Bindung (z. B. Abwanderungsrate, Verhältnis von täglich zu monatlich aktiven Benutzern)
- Konvertierung (z. B. Käufe, Abonnements, Empfehlungen)
- Umsatz (z. B. durchschnittlicher Umsatz pro Benutzer, monatlich wiederkehrender Umsatz)

Da jeder MVP anders ist, ist es wichtig, die KPIs zu identifizieren, die für Ihr einzigartiges Produkt und Ihre Ziele am relevantesten sind. Sobald Sie festgelegt haben, auf welche KPIs Sie sich konzentrieren möchten, richten Sie in Ihrer Analyseplattform spezifische Tracking-Ereignisse ein, damit Sie diese genau und konsistent messen können.

7.1.3 Nutzerverhalten analysieren und Chancen identifizieren

Nachdem Sie Ihre Analysen eingerichtet und KPIs definiert haben, können Sie jetzt Benutzerdaten überwachen, um das Verhalten und die Interaktionen Ihrer Zielgruppe mit Ihrem No-Code-MVP zu verstehen. Behalten Sie Kennzahlen im Auge wie:

- Welche Funktionen sind bei den Benutzern am beliebtesten?
- Wie viel Zeit verbringen Benutzer auf bestimmten Seiten oder Abschnitten?
- Wie hoch ist der Benutzerabbruch in Ihrem Conversion-Trichter?
- Welche Akquisekanäle sind am effektivsten, um Traffic und Nutzerwachstum zu steigern?

Nutzen Sie die Erkenntnisse, die Sie aus diesen Daten gewinnen, um Engpässe und Verbesserungsmöglichkeiten zu identifizieren. Wenn Sie beispielsweise eine hohe Abbruchrate auf Ihrer Zahlungsseite feststellen, kann es sich lohnen, nach Möglichkeiten zur Optimierung des Zahlungserlebnisses zu suchen (z. B. Reibungsverluste verringern, alternative Zahlungsmethoden anbieten, mehr Informationen zu sicheren Transaktionen bereitstellen). Stellen Sie immer sicher, dass Sie alle von Ihnen vorgenommenen Iterationen testen, da Sie den Weg der Verbesserung fortsetzen und keine negativen Auswirkungen auf die Benutzererfahrung haben möchten.

7.1.4 Durchführung von Experimenten und A/B-Tests

Sobald Sie Bereiche identifiziert haben, in denen Verbesserungen erforderlich sind, besteht der nächste Schritt darin, Ihre Hypothesen zu testen und die

Auswirkungen Ihrer Änderungen zu messen. A/B-Tests, auch Split-Tests genannt, sind eine effektive Möglichkeit, zwei oder mehr Variationen eines bestimmten Elements in Ihrem No-Code-MVP (z. B. Überschriften, Handlungsaufforderungen, Zielseiten usw.) zu vergleichen, um festzustellen, welche Variante schneidet am besten ab.

Hier ist ein einfaches Beispiel dafür, wie Sie einen A/B-Test in einem No-Code-MVP einrichten können:

1. **Identifizieren Sie das Ziel** – Entscheiden Sie, welches spezifische Geschäftsziel Sie mit Ihrem Test erreichen möchten. Dies könnte beispielsweise eine Steigerung der Anmelde-Conversions, eine geringere Abwanderungsrate oder ein höheres Engagement sein.
2. **Entwerfen Sie Ihre Variationen** – Erstellen Sie zwei oder mehr verschiedene Versionen des Elements, das Sie testen möchten (z. B. eine Landingpage mit zwei verschiedenen Überschriften oder eine Preisseite mit zwei verschiedenen Angeboten).
3. **Teilen Sie Ihr Publikum auf** – Teilen Sie Ihre Benutzerbasis nach dem Zufallsprinzip in gleiche Gruppen auf und zeigen Sie jeder Gruppe eine andere Variante des getesteten Elements.
4. **Messen Sie die Ergebnisse** – Überwachen Sie die Leistung jeder Variante anhand Ihrer KPIs und Ziele über einen festgelegten Zeitraum.
5. **Analysieren und iterieren** – Verwenden Sie die Ergebnisse Ihres A/B-Tests, um die gewinnbringende Variante zu ermitteln, mit der Sie Ihr gewünschtes Ziel erreicht haben. Implementieren Sie die Gewinnerversion und fahren Sie mit dem Testen und Iterieren mit verschiedenen Variationen fort.

Es ist wichtig zu beachten, dass A/B-Tests zwar ein leistungsstarkes Tool, aber auch ressourcenintensiv sein können, insbesondere bei No-Code-MVP-Projekten mit begrenzter Zeit und Ressourcen. Berücksichtigen Sie den Umfang und Umfang Ihrer Experimente und priorisieren Sie die Bereiche, in denen Sie die größte Wirkung erwarten.

7.1.5 Skalierung und Automatisierung datengesteuerter Verbesserungen

Während Sie Ihr No-Code-MVP weiter verfeinern und optimieren, sollten Sie die Nutzung fortschrittlicher Datenanalyse- und maschineller Lerntools in Betracht ziehen, die Ihnen dabei helfen können, tiefere Einblicke zu gewinnen und Verbesserungen zu automatisieren. Tools wie Google Analytics, Mixpanel und Amplitude bieten beispielsweise erweiterte Funktionen wie Kohortenanalyse, Trichteroptimierung und prädiktive Analysen, die Ihnen dabei helfen können, verborgene Muster aufzudecken und fundiertere Entscheidungen zu treffen.

Zusammenfassend lässt sich sagen, dass die Einführung eines datengesteuerten Ansatzes zur Verbesserung Ihres No-Code-MVP entscheidend für dessen Erfolg ist. Durch die Einrichtung von Analysen, die Identifizierung von KPIs, die Analyse des Benutzerverhaltens, die Durchführung von Experimenten und die Skalierung Ihrer Bemühungen können Sie Ihr Produkt effektiv verfeinern, das Engagement und Wachstum der Benutzer fördern und letztendlich Ihre Startup-Idee validieren. Denken Sie immer daran, auf der Grundlage der gesammelten Daten zu iterieren, kontinuierlich zu testen und aus Ihren Erfolgen und Misserfolgen zu lernen.

Analysieren von Benutzerverhalten, Feedback und Kennzahlen, um das Wachstum voranzutreiben

Einer der Schlüsselaspekte beim Aufbau eines erfolgreichen No-Code-MVP ist die Fähigkeit, datengesteuerte Verbesserungen vorzunehmen und Ihr Produkt zu verfeinern und zu optimieren, um Ihren Benutzern das bestmögliche Erlebnis zu bieten. Das bedeutet, dass Sie über Ihre anfänglichen Annahmen hinausgehen und das Verhalten, Feedback und Kennzahlen der Benutzer sorgfältig analysieren, um Ihr Produkt kontinuierlich zu verbessern. In diesem Abschnitt besprechen wir die Bedeutung der Benutzerverfolgung, Datenanalyse und Optimierung Ihrer Benutzererfahrung und erkunden verschiedene Methoden und Tools, die Ihnen beim Sammeln der Daten helfen können, die Sie benötigen, um fundierte Entscheidungen zu treffen und Ihr MVP zu iterieren.

A. Nachverfolgung des Benutzerverhaltens

Das Verständnis des Verhaltens Ihrer Benutzer ist entscheidend für den Erfolg Ihres Produkts. Sie müssen erfahren, wie Benutzer durch Ihr Produkt navigieren, welche Funktionen sie am häufigsten verwenden und mit welchen Problemen sie möglicherweise konfrontiert sind. Durch die Verfolgung des Benutzerverhaltens erhalten Sie nicht nur wertvolle Erkenntnisse, sondern können auch bestimmte Bereiche identifizieren, in denen Sie das Gesamterlebnis verbessern können.

1. Heatmaps

Heatmaps sind eine visuelle Darstellung der Benutzerinteraktionen auf Ihrer Website oder App. Sie veranschaulichen, wo Benutzer klicken, scrollen und die meiste Zeit verbringen. Diese Informationen können unglaublich hilfreich sein, um problematische UI-Elemente zu identifizieren, Navigationsabläufe zu verstehen und sogar neue Wachstumschancen zu entdecken.

Es stehen mehrere No-Code-Tools zur Verfügung, die Ihnen bei der Erstellung von Heatmaps helfen, z. B. Hotjar oder Crazy Egg. Die Implementierung dieser Tools ist normalerweise so einfach wie das Hinzufügen eines Codes zu Ihrer Website oder das Verbinden dieser Tools mit Ihrer App über ihre No-Code-Integrationen.

2. Sitzungsaufzeichnungen

Sitzungsaufzeichnungen erfassen einzelne Benutzersitzungen auf Ihrer Website oder App und geben sie wieder. So können Sie genau sehen, was ein Benutzer während seines Besuchs getan hat. Dieser Detaillierungsgrad kann Ihnen helfen, Reibungspunkte, Benutzerfreundlichkeitsprobleme oder Bereiche zu identifizieren, in denen Benutzer möglicherweise Probleme haben.

Tools wie FullStory oder LogRocket bieten No-Code-Lösungen zur einfachen Implementierung der Sitzungsaufzeichnung. Durch die Integration in Ihr MVP erhalten Sie unschätzbare Erkenntnisse, die Sie für gezielte Verbesserungen Ihres Produkts nutzen können.

3. Benutzerflüsse

Benutzerflüsse stellen die Pfade dar, die Benutzer durch Ihr Produkt nehmen, um bestimmte Aufgaben zu erledigen. Die Analyse dieser Abläufe hilft Ihnen zu verstehen, wie Benutzer mit Ihrem Produkt interagieren, und deckt Bereiche auf, in denen Sie die Navigation verbessern, Prozesse rationalisieren oder die allgemeine Benutzerfreundlichkeit verbessern können.

Tools wie Google Analytics, Mixpanel oder Amplitude können Ihnen dabei helfen, Benutzerströme besser zu verstehen, ohne dass dafür Code erforderlich ist. Indem Sie Ihr Produkt mit diesen Tools einrichten, können Sie damit beginnen, Daten über Benutzerströme zu sammeln und diese für iterative Verbesserungen zu nutzen.

B. Sammeln von Benutzerfeedback

Während die Verfolgung des Benutzerverhaltens eine Fülle von Erkenntnissen liefern kann, ist es auch wichtig, direkt mit Ihren Benutzern zu kommunizieren, um Feedback zu ihren Erfahrungen einzuholen. Dieses Feedback kann dabei helfen, Ihre anfänglichen Annahmen zu bestätigen oder zu hinterfragen und einen klareren Weg für Verbesserungen aufzuzeigen.

1. Umfragen und Fragebögen

Umfragen und Fragebögen sind eine hervorragende Möglichkeit, Benutzerfeedback in großem Umfang zu sammeln. Durch das Stellen strukturierter, gezielter Fragen können Sie wertvolle Erkenntnisse über die Benutzerzufriedenheit, die Funktionsnutzung, Schwachstellen und mehr gewinnen.

No-Code-Tools wie Typeform, Google Forms oder SurveyMonkey können einfach in Ihr MVP eingebettet oder als eigenständige Formulare versendet werden, um Feedback von Ihren Benutzern zu sammeln.

2. Interviews und Benutzertestsitzungen

Durch die Durchführung von Einzelinterviews mit Benutzern oder die Organisation von Benutzertestsitzungen können Sie ein tieferes Verständnis der Benutzererfahrungen mit Ihrem Produkt erlangen. Die Gespräche und Beobachtungen während dieser Sitzungen können Ihnen dabei helfen, die Weiterentwicklung Ihres Produkts voranzutreiben und Verbesserungsmöglichkeiten aufzudecken.

Dienste wie UserTesting oder Lookback bieten No-Code-Lösungen zum Rekrutieren von Teilnehmern, zum Einrichten von Testumgebungen und zum Aufzeichnen von Benutzertestsitzungen, sodass Erkenntnisse aus diesen Methoden leicht zugänglich sind.

C. Kennzahlen und KPIs

Die Identifizierung und Verfolgung der Key Performance Indicators (KPIs) für Ihren MVP ist für das Treffen klarer, datengesteuerter Entscheidungen unerlässlich. Mithilfe dieser Kennzahlen können Sie den Gesamtzustand Ihres Produkts verstehen, messbare Ziele festlegen und den Fortschritt im Laufe der Zeit bewerten.

1. Akquisitionskennzahlen

Diese Kennzahlen konzentrieren sich auf Ihre Fähigkeit, neue Benutzer zu gewinnen, einzubinden und anzumelden. Zu den wichtigsten Akquisekennzahlen gehören:

- Anzahl neuer Benutzer
- Wechselkurs
- Absprungrate
- Kosten für die Benutzerakquise

2. Aktivierungsmetriken

Aktivierungsmetriken helfen Ihnen zu verstehen, wie effizient Benutzer Ihr MVP übernehmen und von seinem zentralen Wertversprechen profitieren. Einige gängige Aktivierungsmetriken sind:

- Zeit für die erste Schlüsselaktion
- Onboarding-Abschlussquote
- Anzahl der ergriffenen Schlüsselmaßnahmen

3. Aufbewahrungsmetriken

Bindungsmetriken messen die Rate, mit der Benutzer Ihr Produkt nach der ersten Erfahrung weiterhin verwenden. Diese Kennzahlen liefern Einblicke in den langfristigen Wert, den Ihr MVP bietet, und können dabei helfen, Bereiche mit Verbesserungspotenzial zu identifizieren. Einige Beispiele für Aufbewahrungsmetriken sind:

- Abwanderungsquote
- Täglich/wöchentlich/monatlich aktive Benutzer
- Retentionsrate im Zeitverlauf

4. Umsatzkennzahlen

Wenn Ihr MVP Einnahmen generiert oder Sie planen, diese in Zukunft zu monetarisieren, helfen Ihnen Umsatzkennzahlen dabei, die monetären Auswirkungen

Ihres Produkts zu verfolgen. Zu den wichtigen Umsatzkennzahlen gehören:

- Durchschnittliches Einkommen pro Benutzer
- Lebenszeitwert eines Benutzers (LTV)
- Monatlich wiederkehrender Umsatz (MRR)

Abschluss

Die Durchführung datengesteuerter Verbesserungen ist ein entscheidender Schritt bei der Verfeinerung und Optimierung Ihres No-Code-MVP. Durch die Verfolgung des Benutzerverhaltens, das Sammeln von Benutzerfeedback und die Überwachung wichtiger Kennzahlen können Sie fundierte Entscheidungen treffen und Ihr Produkt weiterentwickeln, was letztendlich zu einem erfolgreicheren und wertvolleren Angebot für Ihre Benutzer führt. Durch die Nutzung der verschiedenen oben besprochenen No-Code-Tools und -Methoden sind Sie bestens gerüstet, um die Macht der Daten zu nutzen und das Wachstum Ihres Startups voranzutreiben.

8. Ausarbeitung Ihrer Go-to-Market-Strategie: Marketing, Preisgestaltung und Markteinführung

8.1 Ausarbeitung Ihrer Go-to-Market-Strategie: Marketing, Preisgestaltung und Markteinführung

Eine Go-to-Market-Strategie (GTM) ist eine wesentliche Komponente für die erfolgreiche Einführung Ihres No-Code-MVP. Es handelt sich um einen umfassenden Plan, der die erforderlichen Schritte beschreibt, um Ihr Produkt oder Ihre Dienstleistung effektiv zu bewerben, zu bepreisen und auf den Markt zu bringen. In diesem Abschnitt besprechen wir die wichtigsten Aspekte, die Sie bei der Ausarbeitung Ihrer Markteinführungsstrategie berücksichtigen sollten: Marketing, Preisgestaltung und Einführung Ihres MVP.

8.1.1 Vermarktung Ihres No-Code-MVP

Die Vermarktung Ihres No-Code-MVP ist entscheidend für seinen Erfolg, da sie Bewusstsein schafft, Benutzerinteresse weckt und die Akzeptanz fördert. Hier sind die wichtigsten Überlegungen für die Vermarktung Ihres MVP, ohne die Bank zu sprengen:

1. Definieren Sie Ihre Zielgruppe: Beginnen Sie mit der Identifizierung Ihrer idealen Kunden; Wer sind sie und was sind ihre Bedürfnisse, Vorlieben und Schwachstellen? Sie können Personas, Marktsegmentierung oder andere Techniken zur Kundenprofilierung verwenden, um Ihren Fokus einzugrenzen.

2. Entwickeln Sie Ihr Wertversprechen: Formulieren Sie klar und deutlich die einzigartigen Vorteile, die Ihr MVP Ihrer Zielgruppe bringt. Diese Erklärung sollte die wesentlichen Merkmale und Unterscheidungsmerkmale Ihres Produkts hervorheben und erklären, warum es das Problem besser löst als jede Alternative.

3. Gestalten Sie Ihre Botschaften: Entwickeln Sie die Kernbotschaften, die Sie in Ihren Marketingkampagnen verwenden werden. Halten Sie die Sprache einfach und prägnant, konzentrieren Sie sich auf die Vorteile und

Ergebnisse der Verwendung Ihres Produkts und gehen Sie gleichzeitig auf die Bedenken und Interessen Ihrer Zielgruppe ein.

4. Bauen Sie eine einfache Online-Präsenz auf: Eine minimalistische und übersichtliche Website oder Landingpage kann bei potenziellen Benutzern einen aussagekräftigen ersten Eindruck hinterlassen. Fügen Sie wichtige Informationen zu Ihrem Produkt, Ihrem Wertversprechen und einen klaren Aufruf zum Handeln an die Besucher hinzu, sich anzumelden oder mehr zu erfahren.

5. Nutzen Sie Content-Marketing: Die Erstellung nützlicher und wertvoller Inhalte für Ihre Zielgruppe ist eine wirkungsvolle Möglichkeit, Aufmerksamkeit zu erregen. Schreiben Sie Blogbeiträge, Whitepapers oder erstellen Sie Videos und Webinare, um Ihr Publikum über das von Ihnen gelöste Problem und die Vorteile Ihrer Lösung zu informieren.

6. Beteiligen Sie sich am Social-Media-Marketing: Nutzen Sie geeignete Social-Media-Kanäle, um Ihre Inhalte zu teilen und mit Ihrer Zielgruppe ins Gespräch zu kommen. Soziale Medien können eine effektive und kosteneffiziente Möglichkeit sein, Ihren MVP zu bewerben und eine Community von Early Adopters aufzubauen.

7. Vernetzen Sie sich und nutzen Sie Partnerschaften: Besuchen Sie relevante Veranstaltungen und Konferenzen, treten Sie Online-Communities bei und arbeiten Sie mit Influencern oder komplementären Unternehmen in Ihrer Branche zusammen, um Ihre Reichweite zu vergrößern.

8.1.2 Preise für Ihren No-Code-MVP

Den richtigen Preis für Ihr MVP zu ermitteln, kann eine Herausforderung sein, aber die folgenden Faktoren können Ihnen als Orientierungshilfe bei der Entscheidungsfindung dienen:

1. Verstehen Sie die Zahlungsbereitschaft Ihrer Kunden: Führen Sie Umfragen, Interviews oder Fokusgruppen mit Ihrer Zielgruppe durch, um den wahrgenommenen Wert Ihres Produkts und ihre Preiserwartungen zu verstehen.

2. Analysieren Sie die Preise der Wettbewerber: Informieren Sie sich über die Preisstrategien Ihrer Wettbewerber und verstehen Sie, wo Ihr Produkt im Marktvergleich steht. Dieses Wissen kann Ihnen dabei helfen, Ihren MVP zu einem wettbewerbsfähigen Preis zu positionieren.

3. Erwägen Sie verschiedene Preismodelle: Es stehen verschiedene Preismodelle zur Auswahl, z. B. kostenlos, einmaliger Kauf, Abonnement, gestaffelt (basierend auf Funktionen, Benutzern oder Nutzung) oder Freemium (kostenlos mit Premium-Funktionen zu einem Preis). Wählen Sie das Modell aus, das am besten zu den Vorlieben Ihrer Kunden und Ihren Geschäftszielen passt.

4. Beginnen Sie mit einem Anfangspreis und seien Sie flexibel: Bei der Preisgestaltung Ihres MVP ist es wichtig, offen für Anpassungen zu sein, die auf dem Feedback Ihrer Kunden und der Marktreaktion basieren. Seien Sie darauf vorbereitet, Ihre Preisstrategie bei Bedarf zu überarbeiten.

8.1.3 Starten Ihres No-Code-MVP

Eine gut geplante Einführungsstrategie kann den entscheidenden Unterschied für den Erfolg Ihres No-Code-

MVP ausmachen. Beachten Sie diese Richtlinien für einen reibungslosen Start:

1. Setzen Sie sich messbare Ziele: Legen Sie quantifizierbare und zeitgebundene Ziele für Ihre Markteinführung fest. Beispiel: „Akquirieren Sie 100 Beta-Benutzer innerhalb von zwei Wochen nach der Einführung" oder „Generieren Sie innerhalb eines Monats nach der Einführung eine Conversion-Rate von 10 % von der kostenlosen Testversion zu zahlenden Kunden."

2. Entwickeln Sie einen Pre-Launch-Plan: Schaffen Sie vor dem großen Tag Begeisterung für Ihren MVP, indem Sie Ihr Netzwerk pflegen, mit relevanten Communities in Kontakt treten und Teaser-Kampagnen oder Pre-Launch-Angebote starten.

3. Implementieren Sie einen Soft-Launch: Führen Sie vor der Veröffentlichung einen Soft-Launch für ein kleineres Publikum oder einen Betatest nur auf Einladung durch. Dies wird Ihnen helfen, wertvolles Feedback zu sammeln, eventuelle Last-Minute-Probleme auszuräumen und sicherzustellen, dass Ihr Produkt reibungslos läuft, wenn es auf den Markt kommt.

4. Koordinieren Sie eine Multi-Channel-Marketingkampagne: Planen und führen Sie eine Marketingkampagne durch, die verschiedene Taktiken wie E-Mail, PR, Content-Marketing, Influencer-Outreach oder sogar bezahlte Werbung umfasst, um Ihren Start zu verstärken und ein breiteres Publikum zu erreichen.

5. Bieten Sie exzellenten Kundensupport: Verbessern Sie Ihre Benutzererfahrung und -bindung, indem Sie persönlichen und schnellen Kundensupport bieten, auf Feedback eingehen und Ihr Produkt basierend auf Benutzererkenntnissen iterativ verbessern.

Insgesamt spielt die Ausarbeitung einer soliden Markteinführungsstrategie eine entscheidende Rolle, um sicherzustellen, dass Ihr No-Code-MVP Anklang findet und Ihrer Zielgruppe einen Mehrwert bietet. Wenn Sie diese Empfehlungen zu Marketing, Preisgestaltung und Einführung Ihres Produkts befolgen, sind Sie auf dem besten Weg, Ihre Startup-Idee zu validieren und dem Erfolg näher zu kommen.

Erstellen Sie Ihre Go-to-Market-Strategie: Marketing, Preisgestaltung und Markteinführung

Die Entwicklung eines No-Code-MVP ist eine effektive Möglichkeit, Startup-Ideen schnell zu entwickeln und zu validieren. Allerdings wird selbst das rentabelste Produkt ohne die richtige Marketingstrategie, das richtige Preismodell und den richtigen Einführungsplan nicht an Bedeutung gewinnen. In diesem Abschnitt werden wir die Schlüsselkomponenten zur Entwicklung einer effektiven Markteinführungsstrategie für Ihren No-Code-MVP untersuchen.

Marketing: Bewusstsein schaffen und Engagement fördern

Das Hauptziel des Marketings besteht darin, Interesse an Ihrem Produkt zu wecken und dieses Interesse letztendlich in Verkäufe oder Benutzerakzeptanz umzuwandeln. Für Ihren No-Code-MVP ist es entscheidend, einen Marketingplan zu entwickeln, der Ihre Kernzielgruppe anspricht und das Wertversprechen Ihres Produkts klar kommuniziert.

1. **Definieren Sie Ihre Zielgruppe** : Identifizieren Sie zunächst die spezifischen Kundensegmente, die am meisten von Ihrem Produkt profitieren. Erstellen Sie detaillierte Personas, die demografische, psychografische und verhaltensbezogene Informationen über Ihre idealen Kunden enthalten.
2. **Entwickeln Sie Kernbotschaften** : Ihre Botschaften sollten sich auf die Problemlösungsaspekte Ihres Produkts konzentrieren und dessen einzigartiges Wertversprechen klar zum Ausdruck bringen. Verwenden Sie eine einfache Sprache, um sicherzustellen, dass Ihr Publikum den Zweck und die Vorteile Ihres Produkts versteht.
3. **Wählen Sie die richtigen Kanäle** : Identifizieren Sie die Plattformen, auf denen Ihre Zielgruppe am aktivsten und engagiertesten ist, z. B. soziale Medien, Branchenforen oder E-Mail-Listen. Konzentrieren Sie Ihre Marketingbemühungen auf diese Kanäle, um potenzielle Kunden effektiver zu erreichen.
4. **Erstellen Sie wertvolle Inhalte** : Entwickeln Sie Lehrmaterialien wie Blogbeiträge, Videos und Webinare, die sich auf die Schwachstellen Ihrer Zielgruppe konzentrieren und darauf, wie Ihr Produkt diese angehen kann. Dieser Ansatz trägt nicht nur dazu bei, Ihre Marke als Autorität in Ihrer Branche zu etablieren, sondern steigert auch den organischen Traffic auf Ihrer Website.
5. **Nutzen Sie Partnerschaften** : Suchen Sie nach Partnerschaften mit Influencern, Branchenexperten und ergänzenden Unternehmen in Ihrer Nische, um die Sichtbarkeit und Glaubwürdigkeit Ihres Produkts zu erhöhen.
6. **Erfolg messen** : Verfolgen Sie Engagement, Conversions und die Gesamteffektivität Ihrer Marketingbemühungen mithilfe von Analysetools.

Ändern Sie Ihren Marketingplan nach Bedarf, um Ihren Return on Investment zu maximieren.

Preisgestaltung: Den Sweet Spot finden

Die Auswahl des geeigneten Preismodells für Ihr No-Code-MVP ist von entscheidender Bedeutung, da es die Akzeptanz Ihres Produkts erheblich beeinflussen kann. Hier sind einige Schritte, die Ihnen dabei helfen, die beste Preisstrategie zu ermitteln:

1. **Führen Sie Marktforschung durch** : Untersuchen Sie die Preismodelle der Wettbewerber sowie etwaige Branchenstandards. Diese Informationen liefern Ihnen eine Ausgangsbasis und ein besseres Verständnis für die Erwartungen Ihrer Kunden.
2. **Verstehen Sie Ihre Kosten** : Berechnen Sie die Gesamtkosten für die Entwicklung und Wartung Ihres Produkts, einschließlich Entwicklung, Infrastruktur und laufendem Support. Dies wird Ihnen helfen, den Mindestpreis festzulegen, der zur Deckung dieser Kosten erforderlich ist und profitabel bleibt.
3. **Optimieren Sie den Wert** : Der Preis Ihres Produkts sollte den Wert widerspiegeln, den es den Kunden bietet. Erwägen Sie die Durchführung von Umfragen oder Benutzertests, um den wahrgenommenen Wert Ihres Produkts zu ermitteln und diesen mit den Angeboten Ihrer Mitbewerber zu vergleichen.
4. **Testen Sie verschiedene Preismodelle** : Experimentieren Sie mit verschiedenen Preismodellen wie Freemium, Abonnement oder Einmalzahlung, um herauszufinden, welches am besten zu den Vorlieben Ihrer Zielgruppe und Ihren Geschäftszielen passt.
5. **Bieten Sie Werbeaktionen an** : Ziehen Sie Erstanwender an und wecken Sie Begeisterung für Ihr

Produkt, indem Sie zeitlich begrenzte Werbeaktionen wie Rabatte oder exklusiven Zugang zu Premium-Funktionen für Frühabonnenten anbieten.

Starten: Timing und Ausführung

Der Erfolg Ihres No-Code MVP kann stark vom Zeitpunkt und der Durchführung Ihrer Produkteinführung beeinflusst werden. Hier einige Tipps für einen erfolgreichen Start:

1. **Bereiten Sie sich auf die Markteinführung vor** : Bevor Sie Ihr Produkt ankündigen, stellen Sie sicher, dass Ihr MVP stabil, ausgefeilt und bereit für Benutzerfeedback ist. Halten Sie außerdem einen Plan zur Behebung potenzieller technischer Probleme bereit, die nach dem Start auftreten können.
2. **Wählen Sie den richtigen Zeitpunkt** : Wählen Sie einen Starttermin, der die Aufmerksamkeit Ihrer Zielgruppe maximiert und Konflikte mit wichtigen Branchenveranstaltungen oder Feiertagen vermeidet.
3. **Erwecken Sie Vorfreude** : Erstellen Sie eine Pre-Launch-Kampagne, um Begeisterung für Ihr Produkt zu wecken. Teilen Sie Teaser in sozialen Medien, veröffentlichen Sie wertvolle Inhalte, die die Funktionen Ihres Produkts hervorheben, und ermutigen Sie Ihr Publikum, sich für den Frühzugang anzumelden oder sich auf eine Warteliste einzutragen.
4. **Nutzen Sie Ihr Netzwerk** : Wenden Sie sich bei der Einführung an Ihr persönliches und berufliches Netzwerk, um Unterstützung zu erhalten. Ermutigen Sie sie, Ihr Produkt in ihren eigenen Netzwerken zu teilen, Bewertungen zu schreiben oder Erfahrungsberichte abzugeben.
5. **Überwachen und anpassen** : Verfolgen Sie nach dem Start das Feedback der Benutzer, das

Engagement und alle technischen Probleme, die auftreten können. Nutzen Sie diese Informationen, um Ihr No-Code-MVP schnell zu iterieren und Verbesserungen vorzunehmen.

Zusammenfassend lässt sich sagen, dass der Erfolg Ihres No-Code-MVP nicht nur von der Realisierbarkeit Ihrer Produktidee abhängt, sondern auch von Ihrer Markteinführungsstrategie. Ein solider Marketingplan, ein angemessenes Preismodell und eine gut durchgeführte Einführung erhöhen Ihre Erfolgschancen erheblich und helfen Ihnen, Ihren No-Code-MVP in ein florierendes Unternehmen zu verwandeln.

8. Ausarbeitung Ihrer Go-to-Market-Strategie: Marketing, Preisgestaltung und Markteinführung

In diesem Kapitel befassen wir uns mit der Entwicklung einer erfolgreichen Markteinführungsstrategie für Ihr No-Code-MVP. Dabei untersuchen wir die folgenden Schlüsselaspekte: Vermarktung Ihres Produkts, genaue und effektive Preisgestaltung und schließlich die Masseneinführung Ihres MVP.

8.1 Marketingstrategie

Eine gut umgesetzte Marketingstrategie ist entscheidend, um Ihr Produkt bekannter zu machen und potenzielle Kunden anzulocken. Berücksichtigen Sie bei der Ausarbeitung Ihres Marketingplans für Ihr No-Code-MVP die folgenden Taktiken:

8.1.1 Aufbau einer Markenidentität

Bevor Sie Ihre Marketingreise beginnen, ist es wichtig, eine starke Markenidentität aufzubauen. Ihre Markenidentität sollte die folgenden Fragen beantworten:

- Wer bist du?
- Was ist deine Mission?
- Was unterscheidet Ihr Produkt von der Konkurrenz?

Sobald Sie diese Fragen geklärt haben, können Sie ein passendes Logo, einen passenden Ton und ein passendes Farbschema erstellen, das bei Ihrer Zielgruppe Anklang findet.

8.1.2 Zielgruppen identifizieren

Um Ihre Marketingbemühungen zu optimieren, identifizieren und segmentieren Sie Ihre Zielgruppen anhand ihrer gemeinsamen Merkmale wie Demografie, Interessen und Schwachstellen. Auf diese Weise können Sie maßgeschneiderte Marketingbotschaften versenden, die bei verschiedenen Gruppen großen Anklang finden und eine tiefere Verbindung zu Ihrer Marke fördern.

8.1.3 Content-Marketing

Content-Marketing ist eine äußerst effektive Möglichkeit, Markenautorität aufzubauen, Ihre Zielgruppe zu informieren und potenzielle Kunden zu gewinnen. Nutzen Sie verschiedene Formate wie Blogbeiträge, E-Books, Infografiken, Podcasts und Videoinhalte und verbreiten Sie diese über verschiedene Kanäle wie soziale Medien, E-Mail-Marketing und Ihre Website.

8.1.4 Social-Media-Marketing

Nutzen Sie die Leistungsfähigkeit von Social-Media-Plattformen, um Markenbekanntheit zu schaffen, Feedback zu sammeln und mit Ihrem Publikum in Kontakt zu treten. Konzentrieren Sie sich auf Plattformen, auf denen Ihre Zielgruppe am aktivsten ist, und streben Sie mit einem Content-Kalender eine konsistente Markenpräsenz an.

8.1.5 Gemeinschaftsaufbau

Der Aufbau einer Community rund um Ihre Marke kann Ihre Marketingbemühungen erheblich verstärken. Interagieren Sie mit Benutzern in sozialen Medien, nehmen Sie an relevanten Foren teil und schaffen Sie einen Raum, in dem sich Ihr Publikum vernetzen kann – zum Beispiel über Facebook- oder Slack-Gruppen.

8.2 Preisstrategie

Die Festlegung der richtigen Preisstrategie für Ihr No-Code-MVP kann sich erheblich auf dessen Erfolg auswirken. Berücksichtigen Sie bei der Ausarbeitung Ihres Preisplans die folgenden Faktoren:

8.2.1 Kennen Sie Ihre Kosten

Bevor Sie einen Preis für Ihr MVP festlegen, müssen Sie sich über die mit der Erstellung und Wartung des Produkts verbundenen Kosten im Klaren sein. Zu den zu berücksichtigenden Faktoren gehören Produktionskosten, Infrastrukturkosten und alle anderen Betriebskosten.

8.2.2 Marktforschung durchführen

Erforschen Sie die Wettbewerbslandschaft, um die Preisstandards der Branche besser zu verstehen. Suchen

Sie nach Preislücken auf dem Markt, die Ihr MVP schließen kann, ohne dabei profitabel zu bleiben.

8.2.3 Testen Sie verschiedene Preismodelle

Experimentieren Sie mit verschiedenen Preismodellen, um herauszufinden, welches für Ihr Produkt am besten geeignet ist. Zu den gängigen Preisstrategien gehören:

- Free-Mium: Bieten Sie eine Basisversion Ihres Produkts kostenlos an, mit der Option für Benutzer, gegen eine Gebühr auf eine Premium-Version mit zahlreichen Funktionen zu aktualisieren.
- Abonnementbasiert: Berechnen Sie Benutzern eine wiederkehrende Gebühr für den Zugriff auf Ihr Produkt, normalerweise monatlich oder jährlich.
- Pay-as-you-go: Rechnungen an Benutzer basierend auf der Nutzung, wobei eine höhere Nutzung zu höheren Gebühren führt.

8.3 Startstrategie

Die Einführung Ihres No-Code-MVP ist ein entscheidender Meilenstein, der sorgfältige Planung und Durchführung erfordert. Um einen erfolgreichen Start zu gewährleisten, beachten Sie die folgenden Tipps:

8.3.1 Vorfreude aufbauen

Schaffen Sie Begeisterung für Ihre Produkteinführung, indem Sie eine Reihe von Teasern, Produktdemonstrationen und Pre-Launch-Angeboten veröffentlichen. Erstellen Sie eine E-Mail-Liste mit interessierten Interessenten und halten Sie sie über die Entwicklung des Produkts, bevorstehende Funktionen und den offiziellen Starttermin auf dem Laufenden.

8.3.2 Organisieren Sie eine Einführungsveranstaltung

Die Organisation einer Einführungsveranstaltung kann Ihnen wertvolle Bekanntheit und Bestätigung für Ihr No-Code-MVP verschaffen. Sie können eine virtuelle Veranstaltung in den sozialen Medien oder ein Webinar veranstalten oder mit Branchenbeeinflussern zusammenarbeiten, um Ihren MVP umfassend zu bewerben.

8.3.3 Iterieren und verbessern

Kein Produkt ist bei der Markteinführung perfekt. Ermutigen Sie Benutzer zum Feedback und aktualisieren und verfeinern Sie Ihr Produkt kontinuierlich auf der Grundlage der gesammelten Erkenntnisse. Nutzerbewertungen und Erfolgsgeschichten können als wirkungsvoller Marketinginhalt für zukünftige Kampagnen dienen.

Zusammenfassend lässt sich sagen, dass eine gut ausgearbeitete Markteinführungsstrategie, die Marketing-, Preis- und Einführungstechniken umfasst, den Erfolg Ihres No-Code-MVP maximieren kann. Indem Sie Ihre Botschaft auf Ihre Zielgruppe zuschneiden, eine passende Preisstrategie auswählen und Ihr Produkt mit Bravour auf den Markt bringen, ebnen Sie den Weg für das erfolgreiche Wachstum Ihres No-Code-Startups.

8. Ausarbeitung Ihrer Go-to-Market-Strategie: Marketing, Preisgestaltung und Markteinführung

Einer der wichtigsten Faktoren für den Erfolg Ihres Startups ist Ihre Go-to-Market-Strategie (GTM). Eine GTM-Strategie beschreibt, wie Ihr Produkt Ihre Zielkunden erreicht und anspricht, was sich direkt auf Ihr Endergebnis auswirkt. Dazu müssen Sie Ihre Zielgruppe verstehen, effektive Marketingkanäle und Preisstrategien festlegen und einen wirkungsvollen Einführungsplan zur Validierung und Skalierung Ihres No-Code-MVP erstellen.

8.1 Bestimmen Sie Ihre Zielgruppe

Ihre Zielgruppe ist die Kundengruppe, die Ihr MVP bedienen möchte. Dies sind die Menschen, die am meisten von Ihrem Produkt profitieren und bereit wären, dafür zu zahlen. Es ist wichtig, Ihr Publikum zu verstehen – eine Aufgabe, die in zwei Teile unterteilt werden kann:

1. **Demografische Merkmale** : Das demografische Profil Ihrer Zielgruppe umfasst Merkmale wie Alter, Geschlecht, Beruf, Einkommensniveau und Standort. Sie können diese Signale nutzen, um Ihre Marketingstrategie zu entwickeln und Ihre Botschaften für bestimmte Kundensegmente relevanter zu gestalten.
2. **Psychographie** : Dies bezieht sich auf die Einstellungen, Überzeugungen, Vorlieben und Motivationen Ihrer Zielgruppe. Das Verständnis der Psychografie hilft Ihnen, eine bessere Verbindung zu Ihrem Publikum herzustellen, Ihre Marketingbotschaft anzupassen und Funktionen zu entwerfen, die bei potenziellen Kunden Anklang finden.

Stellen Sie sich diese Schlüsselfragen, um Ihre Zielgruppe zu definieren:

- Wer sind die Menschen, die mit dem Problem konfrontiert sind, das unser MVP löst?
- Was sind ihre Bedürfnisse, Vorlieben und Verhaltensweisen?

- Wie würden sie von unserem Produkt oder unserer Dienstleistung profitieren?

8.2 Wählen Sie Ihre Marketingkanäle aus

Sobald Sie Ihre Zielgruppe genau kennen, ist es an der Zeit, die besten Marketingkanäle zu identifizieren, um sie zu erreichen. Dazu können gehören:

- **Content-Marketing** : Veröffentlichen von Blogbeiträgen, Artikeln und anderen Inhalten, die Ihr Produkt hervorheben und Ihr Fachwissen auf diesem Gebiet demonstrieren. Dies trägt dazu bei, Vertrauen aufzubauen, Ihr Publikum einzubeziehen und im Laufe der Zeit organischen Suchverkehr anzuziehen.
- **E-Mail-Marketing** : Verfassen Sie regelmäßig Newsletter oder Updates, um mit potenziellen und bestehenden Kunden in Kontakt zu treten. Bieten Sie wertvolle Einblicke, Updates zu Produktfunktionen oder exklusive Werbeaktionen, um Ihr Publikum mit Ihrer Marke in Kontakt zu bringen.
- **Social-Media-Marketing** : Nutzen Sie verschiedene Social-Media-Plattformen wie Facebook, LinkedIn und Twitter, um Ihre Markenpersönlichkeit zu präsentieren, das Engagement zu fördern und für Begeisterung für Ihren MVP zu sorgen.
- **Influencer/PR-Outreach** : Arbeiten Sie mit Influencern, Bloggern und Medienunternehmen für Produktwerbung, Rezensionen und Empfehlungen zusammen. Dies ist eine kostengünstige Möglichkeit, die Bekanntheit und Glaubwürdigkeit Ihrer Marke zu steigern.
- **Bezahlte Werbung** : Nutzen Sie gezielte Anzeigen auf Suchmaschinen (wie Google Ads) oder Social-Media-Plattformen (wie Facebook, Twitter oder LinkedIn), um Ihre Zielkunden schneller zu erreichen.

8.3 Legen Sie Ihre Preisstrategie fest

Die Preisgestaltung ist ein entscheidender Faktor bei der Gewinnung und Bindung von Kunden. Eine klar definierte Preisstrategie stellt sicher, dass Ihre Zielgruppe den Wert Ihres Angebots erkennt und bereit ist, dafür zu zahlen. Sie können Preismodelle in Betracht ziehen wie:

- **Freemium** : Bieten Sie kostenlosen Zugriff auf eine Basisversion Ihres Produkts und bieten Sie gleichzeitig kostenpflichtige Pläne mit zusätzlichen Funktionen an. Dies kann dazu beitragen, eine große Benutzerbasis zu gewinnen und zu binden und im Laufe der Zeit die Umstellung auf kostenpflichtige Pläne zu fördern.
- **Abonnement** : Erheben Sie eine wiederkehrende Gebühr für den Zugriff auf Ihr Produkt oder Ihre Dienstleistung. Dadurch können Benutzer für die fortgesetzte Nutzung bezahlen und tragen dazu bei, eine vorhersehbare Einnahmequelle für Ihr Unternehmen aufzubauen.
- **Pay-per-Use** : Den Nutzern wird eine Gebühr berechnet, die auf der tatsächlichen Nutzung des Produkts basiert. Dies kann es für potenzielle Kunden attraktiver machen, die keine langfristigen Verpflichtungen oder Vorabgebühren wünschen.

Berücksichtigen Sie bei der Auswahl des richtigen Preismodells für Ihr MVP die Wettbewerbslandschaft, die Zahlungsbereitschaft Ihrer Zielgruppe und Ihre Betriebskosten.

8.4 Starten Sie Ihr No-Code-MVP

Nachdem Sie nun Ihre Zielgruppe sowie Ihre Marketing- und Preisstrategien festgelegt haben, ist es an der Zeit, Ihr MVP zu starten. Das Ziel besteht darin, Ihre Hypothesen zu validieren, frühe Kunden zu gewinnen und erstes Benutzerfeedback einzuholen. Um einen erfolgreichen Start zu gewährleisten, beachten Sie die folgenden Punkte:

1. **Planen Sie im Voraus** : Stellen Sie einen Zeitplan für die Markteinführung zusammen, der Marketingaktivitäten vor der Markteinführung, Traktionsziele und das, was Sie aus dem ersten Benutzerfeedback lernen möchten, umfasst.
2. **Aktivitäten vor der Markteinführung** : Teilen Sie Vorschauen, Teaser oder Beta-Einladungen, um Hype um Ihr Produkt zu wecken. Treten Sie mit Influencern, Bloggern oder Medienkontakten in Kontakt, um sich während der Einführung Berichterstattung zu sichern.
3. **Optimieren Sie Ihre Website** : Stellen Sie sicher, dass Ihre Website über klare Botschaften, Handlungsaufforderungen und einen unkomplizierten Onboarding-Prozess verfügt, damit neue Benutzer Ihr Leistungsversprechen schnell verstehen.
4. **Verfolgen Sie Metriken** : Überwachen Sie die wichtigsten Leistungsindikatoren (KPIs) für Ihr MVP nach dem Start, einschließlich Benutzerakquiseraten, Konversionsraten, Bindung und Benutzerfeedback. Diese Erkenntnisse helfen Ihnen, Ihr Produkt und Ihre Marketingstrategie zu verbessern und informieren über Ihre nächsten Schritte.

Denken Sie daran, dass die Einführung Ihres MVP nur der Ausgangspunkt ist. Kontinuierliche Verbesserung auf der Grundlage von Benutzerfeedback und datengesteuerter Optimierung hält Ihr Produkt wettbewerbsfähig und maximiert sein Potenzial für langfristigen Erfolg.

8.1 Ausarbeitung Ihrer Go-to-Market-Strategie: Marketing, Preisgestaltung und Markteinführung

Sobald Ihr No-Code MVP (Minimum Viable Product) fertig ist, ist es an der Zeit, es auf den Markt zu bringen. Die Entwicklung einer effektiven Go-to-Market-Strategie (GTM) umfasst Marketing, Preisgestaltung und Einführung Ihres Produkts. In diesem Abschnitt behandeln wir verschiedene Aspekte jedes dieser kritischen Elemente, die Ihnen dabei helfen, nicht nur mehr potenzielle Kunden zu erreichen, sondern auch Ihre Chancen auf eine erfolgreiche Markteinführung zu maximieren.

8.1.1 Entwicklung der Marketingstrategie

Bei der Einführung Ihres MVP ist die Entwicklung einer umfassenden Marketingstrategie unerlässlich. Zu Beginn sollten Sie die folgenden Bereiche berücksichtigen:

1. **Zielmarkt und Personas** : Der erste Schritt besteht darin, Ihren Zielmarkt zu identifizieren und Käuferpersönlichkeiten zu erstellen. Wenn Sie Ihre Zielgruppe kennen, können Sie Ihre Botschaften individuell anpassen und die relevantesten Marketingkanäle auswählen. Erstellen Sie detaillierte Buyer-Personas, die Demografie, Verhaltensmuster und Ziele umfassen.
2. **Wettbewerbsanalyse** : Analysieren Sie Ihre Konkurrenz und identifizieren Sie deren Stärken und Schwächen. Diese Informationen helfen Ihnen, die Alleinstellungsmerkmale (USPs) Ihres Produkts zu verstehen. Außerdem können Sie diese

Alleinstellungsmerkmale effektiv an Ihre Zielgruppe kommunizieren.

3. **Marketingkanäle** : Die Identifizierung geeigneter Marketingkanäle ist von entscheidender Bedeutung. Erwägen Sie die Nutzung organischer (SEO, Content-Marketing, soziale Medien) und kostenpflichtiger Kanäle (Google Ads, Facebook Ads) oder anderer für Ihre Zielgruppe relevanter Kanäle.

4. **Messaging und Positionierung** : Erstellen Sie einzigartige Botschaften, die Ihr Produkt von der Konkurrenz abheben. Ihre Botschaft sollte klar und prägnant sein und direkt auf die Bedürfnisse Ihrer Zielgruppe eingehen. Konzentrieren Sie sich außerdem darauf, die Alleinstellungsmerkmale Ihres Produkts hervorzuheben.

5. **Budget und Zeitplan** : Bestimmen Sie das für Ihre Marketinginitiativen erforderliche Budget und entwickeln Sie einen Zeitplan, der die Reihenfolge der Aufgaben und Meilensteine beschreibt.

8.1.2 Festlegung der richtigen Preisstrategie

Die Festlegung des richtigen Preises für Ihr Produkt ist entscheidend für den Erfolg auf dem Markt. Es gibt sechs Kernstrategien, mit denen Sie den Preis für Ihr Produkt festlegen können:

1. **Cost-Plus-Preisgestaltung** : Berechnen Sie die Gesamtkosten für die Erstellung Ihres Produkts und fügen Sie einen prozentualen Aufschlag hinzu, um den Gewinn zu berücksichtigen.

2. **Wettbewerbsfähige Preise** : Legen Sie Ihren Preis basierend auf den Preisen Ihrer Mitbewerber fest.

3. **Wertbasierte Preisgestaltung** : Bestimmen Sie den Preis basierend auf dem Mehrwert, den Ihr Produkt Ihren Kunden bietet.

4. **Freemium-Preise** : Bieten Sie eine Basisversion des Produkts kostenlos an, zusätzliche Funktionen stehen gegen Gebühr zur Verfügung.
5. **Gestaffelte oder variable Preise** : Bieten Sie unterschiedliche Preisstufen mit unterschiedlichen Funktionen und Fähigkeiten an.
6. **Penetrationspreisgestaltung** : Führen Sie das Produkt zunächst zu einem niedrigen Preis ein, um Kunden anzulocken, und erhöhen Sie dann den Preis im Laufe der Zeit.

Erwägen Sie eine Kombination dieser Strategien, um einen attraktiven, aber profitablen Preis für Ihr MVP festzulegen.

8.1.3 Aktivitäten vor dem Start

Bevor Sie Ihr MVP starten, sollten Sie mehrere Pre-Launch-Aktivitäten durchführen:

1. **Erstellen einer Pre-Launch-Liste** : Erstellen Sie eine Zielseite, um E-Mail-Adressen zu sammeln und eine Liste potenzieller Kunden zu erstellen, die an Ihrem Produkt interessiert sind.
2. **Öffentlichkeitsarbeit (PR)** : Wenden Sie sich an relevante Medien, Influencer und Blogger, um Berichterstattung oder Erwähnung Ihres Produkts sicherzustellen.
3. **Content-Marketing** : Erstellen Sie wertvolle Inhalte (Blogbeiträge, E-Books, Webinare usw.), die sich an Ihre Zielgruppe richten und auf deren Bedürfnisse oder Herausforderungen eingehen.
4. **Soziale Medien** : Binden Sie Ihre Zielgruppe auf relevanten Social-Media-Plattformen ein, indem Sie regelmäßig Inhalte veröffentlichen, einbinden und teilen.

5. **E-Mail-Marketing** : Senden Sie personalisierte E-Mails an Ihre Pre-Launch-Liste, um Updates bereitzustellen, Inhalte zu teilen und Begeisterung für Ihre bevorstehende Produkteinführung zu wecken.

8.1.4 Starten Ihres MVP

Sobald Sie Ihre Pre-Launch-Aktivitäten abgeschlossen haben, ist es Zeit, Ihr MVP zu starten:

1. **Soft Launch** : Ein Soft Launch ermöglicht es Ihnen, Ihr Produkt vor der offiziellen Markteinführung mit einer kleinen Gruppe von Kunden zu testen. Es hilft Ihnen, Probleme zu identifizieren, Feedback zu sammeln und basierend auf realen Szenarien Verbesserungen an Ihrem MVP vorzunehmen.
2. **Öffentlicher Start** : Nachdem Sie das während des Soft Launch erhaltene Feedback berücksichtigt haben, können Sie mit dem öffentlichen Start fortfahren. Stellen Sie sicher, dass Sie Ihre Marketingmaterialien, Ihre Website und Ihre Zielseite mit den neuesten Informationen aktualisiert haben.
3. **Outreach & Promotion** : Setzen Sie Ihre Marketingstrategie um, indem Sie Outreach betreiben und Ihr Produkt über die von Ihnen gewählten Marketingkanäle bewerben.
4. **Verfolgen und messen** : Überwachen Sie die Leistung Ihres MVP mithilfe von Key Performance Indicators (KPIs) wie Downloads, Anmeldungen, Engagement und Umsatz.
5. **Iterieren und optimieren** : Analysieren Sie die Ergebnisse, sammeln Sie Kundenfeedback und passen Sie Ihre Marketingstrategie, Produktfunktionen und Preise kontinuierlich an, um die Leistung Ihres MVP zu optimieren.

Zusammenfassend lässt sich sagen, dass die Entwicklung einer umfassenden GTM-Strategie, die Marketing, Preisgestaltung und effektive Einführungstaktiken umfasst, nicht nur einen erfolgreichen Start gewährleistet, sondern auch das Potenzial Ihres No-Code-MVP maximiert. Wenn Sie sich die Zeit nehmen, Ihren Zielmarkt zu recherchieren, die richtige Werbekampagne zu entwerfen und eine wirksame Strategie umzusetzen, wird Ihr Produkt auf den Weg zum Erfolg gebracht.

9. Skalieren Sie Ihr Startup mit No-Code: Wachstumsstrategien und fortschrittliche Techniken

9.2 Fortgeschrittene Techniken in No-Code zur Skalierung Ihres Startups

Sobald Sie Ihre Idee mit einem Minimum Viable Product (MVP) ohne Code erfolgreich entwickelt und validiert haben, besteht der nächste Schritt darin, Ihr Startup zu skalieren. Skalieren bedeutet, Ihre Benutzerbasis zu vergrößern, Ihren Umsatz zu steigern und Ihre Abläufe zu optimieren. Da Ihnen Tools ohne Code zur Verfügung stehen, können Sie Wachstumsstrategien und fortschrittliche Techniken erfolgreich umsetzen, ohne eine einzige Codezeile schreiben zu müssen.

9.2.1 Automatisieren Sie Ihre Abläufe

Automatisierung kann dazu beitragen, den manuellen Aufwand zu reduzieren und Ihre Abläufe zu rationalisieren.

Viele No-Code-Tools bieten Integrations- und Automatisierungsoptionen, die Ihnen dabei helfen, verschiedene Aspekte Ihres Unternehmens zu verknüpfen und so effizienter zu betreiben.

Zapier

Zapier ist eine No-Code-Automatisierungsplattform. Es ermöglicht Unternehmen, mehrere Apps zu integrieren und ihre Arbeitsabläufe zu automatisieren. Mit einer Bibliothek von über 2.000 Apps, darunter beliebte Dienste wie Slack, Trello und Gmail, erleichtert Zapier die Erstellung benutzerdefinierter Automatisierungen, ohne dass Programmierkenntnisse erforderlich sind.

Anstatt Zeit mit sich wiederholenden Aufgaben zu verbringen, wie der manuellen Eingabe von Informationen in Tabellenkalkulationen oder dem Versenden von E-Mails, können Sie einen „Zap" einrichten, der die Arbeit automatisch für Sie erledigt.

Integromat

Integromat ist eine weitere No-Code-Automatisierungsplattform, die Ihnen bei der Automatisierung Ihrer Arbeitsabläufe hilft. Es ähnelt Zapier, bietet jedoch eine visuellere Möglichkeit, komplexe Integrationen mit einer Vielzahl von Apps und Diensten zu erstellen. Integromat bietet außerdem erweiterte Funktionen wie Fehlerbehandlung und benutzerdefinierte Logikfunktionen, die Ihrem Workflow hinzugefügt werden können.

9.2.2 Steigern Sie den Umsatz mit No-Code-Analysen und Conversion-Rate-Optimierung

Für die Skalierung Ihres Startups ist es unerlässlich, die Macht der Daten zu nutzen. Mit Tools zur Analyse ohne Code und zur Conversion-Rate-Optimierung können Sie datengesteuerte Entscheidungen treffen, ohne dass technisches Fachwissen erforderlich ist.

Google Analytics

Google Analytics ist ein beliebtes Analysetool ohne Code, das Ihnen hilft, den Traffic Ihrer Website und das Verhalten Ihrer Zielgruppe besser zu verstehen. Es ermöglicht Ihnen, Daten zu analysieren und Verbesserungen an Ihrer Website vorzunehmen, was wiederum zu höheren Konversionsraten und höheren Einnahmen führen kann.

Hotjar

Hotjar ist ein No-Code-Tool, das Ihnen hilft, das Nutzerverhalten auf Ihrer Website zu verstehen. Mithilfe von Heatmaps, Besucheraufzeichnungen und Conversion-Trichtern liefert Hotjar Erkenntnisse, die Ihnen bei der Optimierung Ihrer Website und der Umsatzsteigerung helfen können.

Optimiert

Optimizely ist eine No-Code-Plattform zur Durchführung von A/B-Tests und zur Personalisierung Ihrer Website, um das Benutzererlebnis und die Konversionsraten zu verbessern. Es bietet eine benutzerfreundliche Oberfläche zum Erstellen von Experimenten, zum Analysieren von Ergebnissen und zum Implementieren datengesteuerter Änderungen an Ihrer Website.

9.2.3 Kunden-Onboarding und -Support optimieren und skalieren

Skalierung bedeutet auch, dass die Infrastruktur und die Prozesse vorhanden sind, um eine wachsende Anzahl von Kunden bedienen zu können. Mit No-Code-Tools können Sie Kunden-Onboarding und -Support automatisieren, optimieren und skalieren.

Gegensprechanlage

Intercom ist eine No-Code-Plattform zur Verwaltung der Kundenkommunikation. Es bietet eine Reihe von Tools für Kundensupport, Messaging und Engagement, mit denen Sie Ihre wachsende Benutzerbasis proaktiv und effizient verwalten können.

Schriftform

Typeform ist ein No-Code-Tool zum Erstellen ansprechender, gesprächiger Formulare und Umfragen. Damit können Sie schöne, für Mobilgeräte optimierte Formulare erstellen, die für Kundenfeedback, Lead-Generierung und mehr verwendet werden können.

HelpScout

HelpScout ist eine No-Code-Helpdesk- und Kundensupportplattform. Es bietet Ihrem Team einen gemeinsamen Posteingang zur Verwaltung und Verfolgung eingehender Kundenanfragen und bietet schnellen und personalisierten Support.

9.2.4 Tools und Strategien zur Skalierung der Benutzerakquise

Die Erweiterung Ihrer Benutzerbasis ist für die Skalierung Ihres Startups von größter Bedeutung. Mit Tools und Strategien zur Benutzerakquise ohne Code können Sie mehr Benutzer für Ihr Produkt gewinnen und gleichzeitig die Akquisitionskosten niedrig halten.

Mailchimp

Mailchimp ist eine E-Mail-Marketingplattform ohne Code. Sie können damit personalisierte und zielgerichtete E-Mail-Kampagnen erstellen, die dazu beitragen können, mehr Benutzer für Ihr Startup zu gewinnen.

Puffer/Pablo

Buffer ist eine Social-Media-Managementplattform ohne Code, mit der Sie Ihre Social-Media-Inhalte planen, veröffentlichen und analysieren können. Pablo von Buffer ist ein Grafikdesign-Tool ohne Code, mit dem Sie schnell ansprechende Social-Media-Bilder erstellen können.

Unbounce

Unbounce ist ein Landingpage-Builder ohne Code, mit dem Sie hochkonvertierende Landingpages für Ihre Marketingkampagnen erstellen und so mehr Anmeldungen und Benutzer generieren können.

9.2.5 Experimentieren und iterieren Sie weiter

Schließlich ist die Skalierung Ihres Startups ein fortlaufender Prozess, für den die Iteration von entscheidender Bedeutung ist. Das kontinuierliche Experimentieren mit neuen Wachstumsstrategien und die Verwendung von No-Code-Tools zum Testen, Analysieren und Optimieren wird Ihnen helfen, der Konkurrenz einen Schritt voraus zu sein und das Wachstum Ihres Startups aufrechtzuerhalten.

Durch den Einsatz fortschrittlicher No-Code-Techniken und - Tools können Sie Ihr Startup durch Automatisierung, Analysen, Conversion-Rate-Optimierung und Strategien zur Benutzerakquise effektiv skalieren. Iterieren und experimentieren Sie weiter, um die beste Kombination aus Tools und Taktiken zu finden, die Ihren spezifischen Bedürfnissen und Zielen entspricht und so das Wachstum und den Erfolg Ihres Startups sicherstellt.

9.1 Nutzung fortschrittlicher No-Code-Tools und Integrationen für Wachstum

Sobald Sie mit Ihrem No-Code-MVP ein gewisses Maß an Traktion und Produktmarkttauglichkeit erreicht haben, ist es an der Zeit, Ihren Fokus auf die Skalierung Ihres Startups zu richten. No-Code-Plattformen und -Tools ermöglichen es Geschäftsinhabern, Wachstumsstrategien und fortschrittliche Techniken umzusetzen, ohne auf ein technisches Team angewiesen zu sein, was die Skalierung effizienter und kostengünstiger macht. In diesem Abschnitt gehen wir näher darauf ein, wie Sie leistungsstarke Nicht-Code-Tools nutzen können, um Ihr Startup zu skalieren.

9.1.1 Automatisieren Sie Ihre Arbeitsabläufe

Automatisierung ist der Schlüssel zur effizienten Skalierung eines Unternehmens. Wenn Ihr Startup wächst, wird es immer schwieriger, alles manuell zu verwalten und zu verfolgen. Mit No-Code-Tools wie Zapier, Integromat und N8n können Sie Ihre Arbeitsabläufe automatisieren und Routineaufgaben eliminieren, sodass Sie und Ihr Team

Stunden wertvoller Zeit sparen, um sich auf wichtigere Aufgaben zu konzentrieren.

Um mit der Automatisierung Ihres Startups zu beginnen, identifizieren Sie Ihre zeitaufwändigsten Verfahren und Aufgaben, wie z. B. das Onboarding neuer Kunden, das Versenden von Folge-E-Mails, die Verwaltung von Social-Media-Beiträgen und die Nachverfolgung von Leads. Verwenden Sie Automatisierungstools, um benutzerdefinierte Workflows zu erstellen, die diese Aufgaben anhand vordefinierter Kriterien optimieren.

9.1.2 Analysen und Benutzerinteraktion

Fortschrittliche Analyse- und Benutzereinbindungstools sind unerlässlich, um das Benutzerverhalten zu verstehen, Verbesserungsmöglichkeiten zu identifizieren und das Wachstum Ihres Startups zu überwachen. Tools wie Google Analytics, Mixpanel und Hotjar liefern wichtige Erkenntnisse über Ihre Benutzer und ermöglichen es Ihnen, datengesteuerte Entscheidungen zu treffen, um Ihr Produkt oder Ihre Dienstleistung zu optimieren und zu verfeinern.

Darüber hinaus können Sie mithilfe von Analysetools ohne Code benutzerdefinierte Conversion-Ziele festlegen, Kanäle zur Benutzerakquise überwachen und Ihre Marketing- und Verkaufstrichter optimieren. Auf diese Weise können Sie Ihr Wachstum genau verfolgen und fundierte Entscheidungen darüber treffen, wie Sie Ihre Zeit und Ressourcen einsetzen, um den ROI zu maximieren.

9.1.3 Passen Sie Ihre Marketingstrategien an und optimieren Sie sie

Mit No-Code-Tools können Sie ganz einfach verschiedene Marketingstrategien und -kampagnen erstellen und testen, deren Auswirkungen auf Ihr Wachstum messen und sie für bessere Conversions optimieren. Nutzen Sie Plattformen wie MailChimp, ConvertKit und HubSpot, um E-Mail-Automatisierungssequenzen zu erstellen, A/B-Tests durchzuführen und Ihre Interaktionen mit Benutzern zu personalisieren.

Erwägen Sie außerdem den Einsatz von Social-Media-Management-Tools wie Buffer, Hootsuite und SocialBee, um eine konsistente Online-Präsenz auf allen Plattformen zu planen und aufrechtzuerhalten. Diese Tools können Ihnen auch dabei helfen, Ihre Social-Media-Daten zu verwalten und zu analysieren, sodass Sie Ihre Nachrichten und Inhalte an die Vorlieben Ihres Publikums anpassen können.

9.1.4 Nutzen Sie die Kraft des Gemeinschaftsaufbaus

Eine engagierte und loyale Community kann enorm zum Wachstum eines Startups beitragen. Der Aufbau einer leidenschaftlichen Community rund um Ihr Produkt oder Ihre Dienstleistung hilft bei der Benutzerbindung, vergrößert Ihre Reichweite und liefert wertvolle Einblicke in die Bedürfnisse, Vorlieben und Schwachstellen der Benutzer.

Nutzen Sie Tools wie Circle, Tribe oder Discord, um eine Community-Plattform ohne Code zu erstellen, auf der Ihre Kunden miteinander und mit Ihrem Team interagieren können. Beteiligen Sie sich an sinnvollen Diskussionen, holen Sie wertvolles Feedback ein und bieten Sie exklusive Mitgliedervorteile, um die Loyalität der Community zu fördern.

9.1.5 Integrieren Sie KI und maschinelles Lernen

Fortschrittliche Technologien wie künstliche Intelligenz und maschinelles Lernen können das Wachstum Ihres Startups entscheidend verändern. No-Code-Tools wie AlwaysAI, Open.AI oder DataRobot können Ihrem Produkt oder Ihrer Dienstleistung leistungsstarke KI-Funktionen hinzufügen, ohne dass spezielle Experten in Ihrem Team erforderlich sind.

Sie können beispielsweise KI-Chatbots verwenden, um den Kundensupport zu verbessern, personalisierte Erfahrungen mit maschinellem Lernen zu schaffen oder die Inhaltserstellung mithilfe von Tools zur Verarbeitung natürlicher Sprache zu automatisieren. Nutzen Sie das Potenzial dieser fortschrittlichen Technologien mit No-Code-Plattformen, um der Konkurrenz einen Schritt voraus zu sein.

9.1.6 Iterieren und verbessern Sie Ihr Produkt kontinuierlich

Während Ihr Startup wächst, iterieren und verbessern Sie Ihr Produkt kontinuierlich auf der Grundlage von Benutzerfeedback und Dateneinblicken. Nutzen Sie fortschrittliche No-Code-Tools wie SurveySparrow, Typeform oder Bravo Studio, um Benutzerfeedback zu sammeln, Umfragen durchzuführen und Prototypen für neue Funktionen zu erstellen. Mit No-Code-Lösungen können Sie schnell neue Iterationen veröffentlichen, die Entwicklungszeit verkürzen und flexibel auf die Bedürfnisse und Vorlieben Ihrer Kunden reagieren.

9.1.7 Zusammenfassung

Die Skalierung Ihres Startups ohne Code bedeutet, dass Sie fortschrittliche Tools, Technologien und Integrationen nutzen, um die Effizienz zu optimieren und das Wachstum voranzutreiben. Experimentieren Sie kontinuierlich mit neuen Strategien, verfeinern Sie Prozesse und setzen Sie auf eine datengesteuerte Mentalität. Nutzen Sie die Leistungsfähigkeit von No-Code-Plattformen, um agil, anpassungsfähig und auf Kunden- und Marktanforderungen zu reagieren und so den Gesamterfolg Ihres Startups zu stärken.

Indem Sie die Funktionen von No-Code-Tools für Automatisierung, Analyse, Marketing, Community-Aufbau, KI-Integration und schnelle Produktiteration nutzen, können Sie Ihr Startup effektiv skalieren, einen nachhaltigen Wettbewerbsvorteil schaffen und Ihren MVP in ein florierendes Unternehmen verwandeln.

Automatisierung von Prozessen für Skalierbarkeit

Wenn Ihr Startup zu wachsen beginnt, können manuelle Prozesse, die anfangs überschaubar schienen, schnell zeitaufwändig werden und Ihre Fähigkeit zur effizienten Skalierung beeinträchtigen. Durch die Identifizierung dieser Prozesse und die Suche nach Möglichkeiten, sie ohne Code zu automatisieren, können Sie Zeit und Ressourcen sparen und so noch schneller wachsen.

In diesem Abschnitt werden wir einige beliebte No-Code-Automatisierungstools untersuchen und wie sie dazu beitragen können, die Prozesse in Ihrem Startup zu verbessern.

Zapier: Workflow-Automatisierung

Zapier ist eines der beliebtesten verfügbaren No-Code-Automatisierungstools. Es verbindet Tausende von Apps und automatisiert die Arbeitsabläufe zwischen ihnen, sodass Sie Zeit und Aufwand für die manuelle Dateneingabe und -aktualisierung sparen.

Durch die Erstellung dessen, was Zapier „Zaps" nennt, können Sie verschiedene Aufgaben basierend auf Auslösern und Aktionen zwischen unterstützten Apps automatisieren. Sie können beispielsweise einen Zap erstellen, der ausgelöst wird, wenn jemand ein Formular auf Ihrer Website ausfüllt, und der dann automatisch seine Informationen zu Ihrer CRM- oder E-Mail-Marketing-Software hinzufügt.

Hier sind einige mögliche Anwendungsfälle für die Automatisierung von Prozessen mit Zapier:

- Erstellen Sie automatisch eine neue Trello-Karte, Asana-Aufgabe oder ein Monday.com-Board-Element, wenn eine neue Funktionsanfrage oder ein Fehlerbericht eingereicht wird
- Verschieben Sie abgeschlossene Aufgaben nach Abschluss in relevante Projektmanagement-Software, Ordner oder Phasen
- Synchronisieren Sie Kontakte und Kundendaten von Ihrem CRM mit Ihrer E-Mail-Marketing-Software oder umgekehrt von Ihrer E-Mail-Marketing-Software mit Ihrem CRM
- Erhalten Sie Benachrichtigungen in Slack, wenn kritische Ereignisse eintreten, z. B. neue Benutzeranmeldungen, Produktverkäufe oder wichtige Übermittlungen von Website-Formularen
- Automatisieren Sie die Planung für soziale Medien, indem Sie Tools wie Buffer oder Hootsuite mit Ihrem Inhaltskalender verbinden

Integromat: Visual Automation Builder

Integromat ist ein weiteres Automatisierungstool ohne Code, das einen visuellen Builder zum Erstellen von Automatisierungsworkflows bietet. Wie Zapier verbindet Integromat verschiedene Apps und Dienste, um Aufgaben zu automatisieren, bietet jedoch zusätzliche Flexibilität in Bezug auf Datenmanipulation und mehrstufige Arbeitsabläufe.

Mit der Drag-and-Drop-Oberfläche von Integromat können Sie visuell darstellen, wie Daten zwischen verschiedenen Apps übertragen und transformiert werden. Obwohl dies möglicherweise fortschrittlicher als Zapier ist, bietet es eine bessere Kontrolle über Ihre Arbeitsabläufe und kann anspruchsvollere Automatisierungsanwendungsfälle bewältigen.

Integromat kann Ihnen dabei helfen, Prozesse zu automatisieren wie:

- Komplexe Datentransformationen und Berechnungen zwischen Apps (z. B. Berechnung des Lifetime-Werts eines Kunden vor der Synchronisierung mit Ihrem CRM)
- Erstellen einer automatisierten Onboarding-Sequenz für neue Benutzer, einschließlich Aufgaben wie dem Versenden einer Willkommens-E-Mail, dem Hinzufügen dieser zu einer relevanten E-Mail-Sequenz und der Zuweisung eines Teammitglieds, das sich persönlich mit ihnen in Verbindung setzt
- Verfolgen und Analysieren von Website-Ereignissen wie Benutzerbesuchen, Schaltflächenklicks oder Käufen, um das Benutzererlebnis zu optimieren und die Conversions zu steigern

Tools zur Automatisierung des Kundensupports

Der Kundensupport ist oft zeitaufwändig und arbeitsintensiv, und wenn Ihr Startup wächst, kann sich die Bereitstellung eines reaktionsschnellen und effizienten Supports als zunehmende Herausforderung erweisen. Es gibt jedoch mehrere Tools ohne Code, die Ihnen bei der Optimierung Ihrer Supportdienste helfen können:

- **Intercom** : Intercom ist eine Kundenkommunikationsplattform, die eine Reihe von Funktionen bietet, die eine bessere Kundenbindung und -unterstützung ermöglichen sollen. Eine dieser Funktionen ist Operator , ein KI-gestützter Chatbot, der häufige Kundenfragen automatisch beantworten, Besprechungen planen oder Gespräche an die entsprechenden Teammitglieder weiterleiten kann.
- **ManyChat** : Mit ManyChat können Sie Facebook Messenger-Chatbots erstellen, um Kundensupport, Vertrieb und Marketing zu automatisieren. Durch die Einrichtung automatisierter Workflows können Sie häufig gestellte Fragen beantworten, Leads sammeln oder sogar Kaufvorgänge direkt im Messenger abschließen.
- **HelpDocs** : HelpDocs ist eine Wissensdatenbankplattform, mit der Sie schnell und unkompliziert Hilfeartikel für Ihre Benutzer erstellen und organisieren können. Eine gut organisierte Wissensdatenbank ermöglicht es Ihren Kunden, selbstständig Antworten auf ihre Fragen zu finden, wodurch die Menge an Support-Tickets reduziert und Ihrem Team Zeit gespart wird.

Abschluss

Je größer Ihr Startup wird, desto größer wird der Bedarf an Automatisierung. Wenn Sie sich die No-Code-Bewegung zu eigen machen und No-Code-Automatisierungstools und Wachstumsstrategien in Ihr Unternehmen integrieren, können Sie nicht nur Prozesse effizienter gestalten, sondern gewinnen auch Zeit für Sie und Ihr Team, sich auf neue Ideen und Verbesserungen zu konzentrieren.

Dank der No-Code-Automatisierung können Sie Ihr Startup wachsen und skalieren, ohne Abstriche bei der Qualität zu machen oder zusätzliche technische Schulden zu machen. Bleiben Sie auf dieser Reise neugierig auf neue Tools, Technologien und Techniken, die die Skalierung zugänglicher, effizienter und kostengünstiger machen.

9.1 Nutzung von No-Code-Tools für Wachstumsstrategien

Um Ihr Startup wachsen zu lassen, müssen Sie nicht nur Ihre Benutzerbasis vergrößern, sondern auch die Kundenzufriedenheit, Kundenbindung und den Umsatz steigern. Die gute Nachricht ist, dass No-Code-Tools Ihnen bei der Umsetzung von Wachstumsstrategien und fortschrittlichen Techniken helfen können, ohne ein größeres Entwicklungsteam einzustellen oder Monate damit zu verbringen, das Programmieren zu lernen. In diesem Abschnitt skizzieren wir verschiedene Strategien, die Ihnen beim Wachstum Ihres Startups helfen, und untersuchen, wie No-Code-Tools genutzt werden können, um diese effizient umzusetzen.

1. Optimieren Sie Ihr Onboarding-Erlebnis

Ihre Onboarding-Erfahrung ist entscheidend für die Umwandlung neuer Benutzer in engagierte Kunden. Ein reibungsloser Onboarding-Prozess kann die Abwanderung reduzieren und die Benutzerbindung verbessern. Mit No-Code-Tools können Sie einen optimierten Onboarding-Ablauf erstellen, der Benutzer durch die Funktionen Ihres Produkts führt und sie zum Handeln ermutigt.

- **Tutorials und exemplarische Vorgehensweisen:** **Mit** Tools ohne Code wie UserGuiding und Usetiful können Sie interaktive Tutorials und exemplarische Vorgehensweisen ohne Programmieraufwand erstellen. Sie können Benutzern genau zeigen, wie sie Ihr Produkt verwenden und sie über seine einzigartigen Funktionen informieren.
- **Benutzer-Feedback:** Das Sammeln von Feedback von Benutzern während des Onboarding-Prozesses kann Ihnen dabei helfen, Ihr Produkt zu verbessern und etwaige Schwachstellen der Benutzer anzugehen. Mit No-Code-Tools wie Hotjar und UserVoice können Sie Benutzerfeedback sammeln und analysieren, sodass Sie datengesteuerte Entscheidungen treffen können, um Ihr Onboarding-Erlebnis zu optimieren.

2. Erhöhen Sie das Benutzerengagement

Die Investition in Strategien zur Benutzereinbindung kann dazu beitragen, die Nutzung Ihres Produkts zu steigern und es den Benutzern zu ermöglichen, im Laufe der Zeit einen höheren Wert in Ihrem Angebot zu erkennen. Nutzen Sie

Tools ohne Code, um Gamification-Systeme, personalisierte Benutzererlebnisse oder Benachrichtigungskampagnen zur erneuten Einbindung von Benutzern zu erstellen.

- **Gamification:** Anreize für Benutzer, gewünschte Aktionen auszuführen oder sie für ihre Erfolge zu belohnen, können dazu beitragen, das Benutzerengagement zu steigern. Codefreie Tools wie Gleam oder SailPlay können Ihnen dabei helfen, Gamification-Systeme wie Punktesysteme, Abzeichen und Bestenlisten ohne Programmieraufwand zu erstellen.
- **Personalisierte Benutzererlebnisse:** Wenn Sie den Inhalt Ihres Produkts auf die Vorlieben und das Verhalten Ihrer Benutzer zuschneiden, können Sie ein überzeugenderes Benutzererlebnis schaffen. No-Code-Tools wie Segment und Optimizely können Ihnen dabei helfen, personalisierte Benutzererlebnisse basierend auf Faktoren wie Benutzerstandort, Gerätetyp oder früheren Interaktionen zu erstellen.
- **Benachrichtigungskampagnen:** Das Senden von Benachrichtigungen an Benutzer basierend auf ihrem Verhalten oder ihrer Inaktivität kann dazu beitragen, dass sie sich mit Ihrem Produkt beschäftigen. Viele No-Code-Tools wie OneSignal und Pusher ermöglichen Ihnen das Versenden von Benachrichtigungen per E-Mail oder Mobilgeräten basierend auf bestimmten Aktionen oder Ereignissen.

3. Automatisieren Sie Marketing und Vertrieb

Durch die Automatisierung der Marketing- und Vertriebsbemühungen Ihres Startups können Sie Zeit und

Ressourcen sparen und gleichzeitig Ihre Fähigkeit erhöhen, mehr Kunden zu erreichen. No-Code-Tools können Ihnen dabei helfen, verschiedene Phasen Ihres Verkaufstrichters zu automatisieren, von der Lead-Generierung bis hin zum Nurturing und Onboarding.

- **E-Mail-Automatisierung:** Das Versenden personalisierter, automatisierter E-Mails basierend auf dem Benutzerverhalten oder der Interaktion mit Ihrem Produkt kann Ihnen dabei helfen, Leads zu pflegen und Benutzer in Kunden umzuwandeln. No-Code-Tools wie Mailchimp und ActiveCampaign können Ihnen dabei helfen, automatisierte E-Mail-Sequenzen einzurichten, um die Benutzer zu motivieren.
- **Social-Media-Automatisierung:** No-Code-Tools wie Hootsuite und Buffer können Ihnen dabei helfen, Ihre Social-Media-Beiträge effizient zu verwalten und zu planen und so eine konsistente Präsenz auf sozialen Plattformen aufrechtzuerhalten.
- **Lead-Generierung:** No-Code-Tools wie Typeform und Landbot können Ihnen dabei helfen, ansprechende Formulare und Chatbots zu erstellen, um Benutzerinformationen zu sammeln und Leads für Ihr Vertriebsteam zu generieren.
- **CRM-Integration:** Durch die Integration Ihrer No-Code-Tools in gängige CRM-Plattformen wie Salesforce oder HubSpot können Sie Kundendaten verwalten und analysieren, Verkaufschancen identifizieren und Geschäfte effizienter abschließen.

4. Optimieren Sie Ihre Website und Ihr Produkt für die Konvertierung

Die Verbesserung der Conversion-Rate Ihrer Website kann einen erheblichen Einfluss auf das Wachstum Ihres Startups haben. Durch das Testen und Optimieren Ihrer Zielseiten, Benutzerflüsse und Handlungsaufforderungen können Sie die Anzahl der Besucher erhöhen, die in Kunden umgewandelt werden.

- **A/B-Tests:** Codefreie Tools wie Optimizely und Google Optimize können Ihnen dabei helfen, A/B-Tests zu erstellen und durchzuführen, um verschiedene Varianten Ihrer Website oder App zu bewerten und das leistungsstärkste Design, den Text oder den Benutzerfluss zu ermitteln.
- **Heatmaps und Klick-Tracking:** Tools wie Hotjar oder Crazy Egg können Ihnen dabei helfen, zu verfolgen, wo Benutzer auf Ihrer Website klicken, scrollen oder mit der Maus darüber fahren, und liefern so wertvolle Einblicke in potenzielle Verbesserungsbereiche.
- **Conversion-Rate-Optimierung (CRO):** No-Code-Plattformen wie Unbounce oder Instapage können Ihnen dabei helfen, hochoptimierte Landingpages zu entwerfen und zu veröffentlichen, die auf die Verbesserung Ihrer Conversion-Raten ausgerichtet sind.

Durch den Einsatz von No-Code-Tools in diesen Wachstumsstrategien können Sie Ihr Startup effizient skalieren und sich dabei auf die Verbesserung der Benutzererfahrung und die Maximierung des Umsatzes konzentrieren, während Sie gleichzeitig den Zeitaufwand für Entwicklungsaufgaben reduzieren. Die eingesparte Zeit kann genutzt werden, um strategisch zu denken und weitere Wachstumschancen zu schaffen.

Aufbau einer skalierbaren Geschäftsinfrastruktur

Wenn Ihr Startup zu wachsen beginnt, wird es immer wichtiger, über eine skalierbare Geschäftsinfrastruktur zu verfügen. Das bedeutet, dass Sie Ihre Arbeitsabläufe optimieren, Ihren Kundenstamm vergrößern, in neue Märkte expandieren und sich schnell an Veränderungen im Geschäftsumfeld anpassen können. Mit No-Code-Tools können Sie viele Aspekte Ihrer Abläufe rationalisieren und automatisieren, Ihre Effizienz steigern und sicherstellen, dass Ihr Unternehmen agil bleibt.

1. Optimieren Sie Ihre Arbeitsabläufe

Eine Schlüsselkomponente bei der Skalierung Ihres Startups ist die Optimierung und Rationalisierung Ihrer Arbeitsabläufe. Mit zunehmender Anzahl von Benutzern, Kunden und Teammitgliedern können Aufgaben und Kommunikation komplexer und unorganisierter werden. Die leistungsstarke Funktionalität von No-Code-Tools kann Ihnen bei der Bewältigung dieses Problems helfen:

- Automatisieren Sie sich wiederholende Aufgaben: Ihr Team verschwendet möglicherweise wertvolle Zeit mit Aufgaben, die automatisiert werden können. Mit No-Code-Tools wie Zapier können Sie wiederkehrende Aufgaben wie die Aktualisierung Ihres CRM oder das Versenden von E-Mails automatisieren und so Zeit und Ressourcen für wichtigere Aufgaben freisetzen.
- Optimieren Sie das Projektmanagement: Behalten Sie den Überblick über mehrere Projekte und stellen Sie sicher, dass Ihr Team auf seine Ziele ausgerichtet ist, indem Sie Projektmanagement-Tools ohne Code wie Trello , ClickUp und Notion verwenden . Durch die Automatisierung von Prozessen und die effiziente Verwaltung der Zeit Ihres Teams steigern Sie die Produktivität und verringern das Risiko von Engpässen.

- Integrieren Sie Ihre Apps: Wenn Ihr Unternehmen wächst, werden Sie wahrscheinlich mehr Tools verwenden, um verschiedene Aspekte Ihres Betriebs zu verwalten. Mit No-Code-Plattformen wie Integromat können Sie verschiedene Anwendungen integrieren und den Datenfluss zwischen ihnen automatisieren. Durch die Zentralisierung Ihrer Daten können Sie bessere Entscheidungen treffen und Ihre Abläufe stärker automatisieren.

2. Kundenansprache und -engagement

Das Wachstum Ihres Startups hängt von der kontinuierlichen Gewinnung neuer Kunden und der Bindung bestehender Kunden ab. Verbinden Sie sich mit potenziellen Kunden und stärken Sie bestehende Beziehungen, indem Sie Ihre digitale Präsenz verbessern und Daten nutzen.

- Erstellen Sie robuste E-Mail-Kampagnen: Automatisierte E-Mail-Kampagnen können Ihnen dabei helfen, mit Ihrer Zielgruppe in Kontakt zu treten, neue Leads zu generieren und Ihren Umsatz zu steigern. Tools wie Mailchimp ermöglichen es Ihnen, Ihre E-Mail-Kampagnen ohne Programmierkenntnisse zu erstellen, zu verwalten und zu optimieren, was es Startups erleichtert, ihre Marketingbemühungen zu skalieren.
- Ermöglichen Sie eine datengesteuerte Entscheidungsfindung: Für eine effektive Skalierung ist es wichtig, Ihre Zielgruppe und deren Verhalten zu verstehen. Mit Tools wie Google Analytics und Mixpanel können Sie das Nutzerverhalten auf Ihrer Website oder App verfolgen und analysieren, während Sie mit No-Code-Tools wie Airtable Kundendaten organisieren, analysieren und visualisieren können. Indem Sie Ihre Kunden besser

verstehen, können Sie Marketing- und Wachstumsstrategien anpassen, um die Leistung zu optimieren.

3. Erkundung neuer Märkte

Zu einer erfolgreichen Skalierungsstrategie gehört häufig die Expansion in neue Märkte. Mit No-Code-Tools können Sie Ihre Bemühungen schnell aufbauen und testen, bevor Sie wertvolle Ressourcen einsetzen.

- Übersetzen Sie Ihre Website: Übersetzen Sie Ihre Website und machen Sie sie für Benutzer in verschiedenen Märkten zugänglicher, indem Sie Code-freie Übersetzungstools wie Weglot oder Localize verwenden .
- Erstellen Sie lokalisierte Landingpages: Verwenden Sie einen Website-Builder ohne Code wie Webflow , um spezielle Landingpages für neue Märkte zu erstellen. Testen Sie verschiedene Botschaften, Positionierungen und visuelle Elemente, um zu analysieren, welche bei jedem neuen Publikum am besten ankommen.

4. Stärkung Ihres finanziellen Rückgrats

Wenn Ihr Unternehmen wächst, ist es von entscheidender Bedeutung, Ihre Finanzen effektiv zu verwalten. No-Code-Tools können Ihnen dabei helfen, Ihre Finanzprozesse zu automatisieren und ein besseres Verständnis für die allgemeine Finanzlage Ihres Startups zu erhalten.

- Automatisieren Sie Ihre Rechnungsstellung und Buchhaltung: Tools wie QuickBooks oder Xero können Ihnen dabei helfen, Ihre Buchhaltung,

Rechnungsstellung und Ausgabenverfolgung zu automatisieren und zu vereinfachen.

- Projizieren Sie Ihre Finanzen: Verwenden Sie No-Code-Plattformen wie Finmark , um Finanzmodelle zu erstellen und Ihre zukünftigen Einnahmen, Ausgaben und Cashflows zu projizieren. Dies wird Ihnen helfen, die finanzielle Lage Ihres Startups besser zu verstehen und fundierte Entscheidungen über Einstellungen, Mittelbeschaffung und Ressourcenzuweisung zu treffen.

5. Auf Veränderungen reagieren

Egal wie gut Sie planen, das Geschäftsumfeld wird Sie wahrscheinlich immer mit Überraschungen überraschen. Agilität und schnelle Anpassung an Veränderungen können der Schlüssel zu kontinuierlichem Wachstum sein.

- Kontinuierliche Iteration und Verbesserung Ihres Produkts: Verwenden Sie No-Code-Tools wie Bubble oder Adalo , um fortlaufende Updates und Verbesserungen an Ihrem Produkt vorzunehmen, ohne auf Entwickler angewiesen zu sein.
- Beobachten Sie Ihre Konkurrenz: Bleiben Sie Ihren Mitbewerbern einen Schritt voraus, indem Sie deren Marketingstrategien und Produktangebote verfolgen. Verwenden Sie Tools wie SimilarWeb und BuiltWith , um ihre digitale Präsenz und ihren Technologie-Stack zu bewerten.

Durch den Einsatz von No-Code-Tools und die Implementierung von Wachstumsstrategien können Sie Ihr Startup schnell skalieren, ohne dass umfangreiche technische Ressourcen oder Kenntnisse erforderlich sind. Wenn Ihr Unternehmen wächst, ist es wichtig, kontinuierlich zu iterieren, anzupassen und zu optimieren. Durch die

Investition in No-Code-Tools können Sie nicht nur schnell auf Änderungen reagieren, sondern auch Ressourcen freisetzen, um sich auf die Bereiche zu konzentrieren, die das größte Wachstum für Ihr Unternehmen vorantreiben.

10. Fallstudien: Erfolgsgeschichten von No-Code-MVPs aus der Praxis

Fallstudie 1: Glide Apps – Erstellen eines lokalen Branchenverzeichnisses

Das Problem

Joe, ein aufstrebender Unternehmer, erkannte eine Marktlücke für ein lokales Unternehmensverzeichnis, das Menschen während der COVID-19-Pandemie dabei helfen könnte, kleine Unternehmen in seiner Stadt zu finden und zu unterstützen. Ihm war aufgefallen, dass viele Einwohner angesichts des Niedergangs gedruckter Verzeichnisse und des Aufkommens größerer E-Commerce-Plattformen Schwierigkeiten hatten, lokale Geschäfte und Dienstleister zu finden.

Die Idee

Joe beschloss, ein digitales Verzeichnis zu erstellen, das Informationen über lokale Unternehmen zusammenstellt und es den Benutzern erleichtert, sie zu finden und zu kontaktieren. Er stellte sich eine mobile App vor, die Funktionen wie Kategorien, standortbasierte Dienste und Kundenbewertungen umfasste. Allerdings verfügte Joe über keine Programmiererfahrung und nur über begrenzte Mittel, um den Entwicklungsprozess auszulagern.

Die No-Code-MVP-Lösung

Nachdem er Glide Apps entdeckt hatte, eine Plattform zum Erstellen von Apps ohne Code, die es Benutzern ermöglicht, mobile Anwendungen mit Google Sheets als Datenbank zu erstellen, beschloss Joe, es auszuprobieren. Er begann damit, eine Liste lokaler Unternehmen, ihre Kontaktinformationen und ihre Produkte oder Dienstleistungen in einer Google-Tabelle zusammenzustellen.

Mithilfe von Glide Apps wandelte Joe die Daten aus dem Sheet schnell in einen funktionsfähigen App-Prototyp um. Er entwarf ansprechende Benutzeroberflächen, fügte Funktionen wie das Filtern von Unternehmen nach Kategorie oder Standort hinzu und implementierte einen Benutzerregistrierungsprozess, um E-Mails zu erfassen, Aktualisierungen vorzunehmen und Bewertungen zu sammeln.

Der Validierungsprozess

Joe teilte den MVP seines lokalen Branchenverzeichnisses mit einer kleinen Gruppe von Freunden und Bekannten und bat um ehrliches Feedback zur Benutzerfreundlichkeit, zum Design und zum Gesamtkonzept der App. Das Feedback war überwältigend positiv, und die meisten Benutzer fanden die Möglichkeit, kleine Unternehmen in ihrer Region einfach zu entdecken und mit ihnen in Kontakt zu treten, zu schätzen.

Angesichts der konkreten Nachfrage und des Interesses beschloss Joe, seine App auf andere Stadtteile auszuweiten und erhielt im Zuge dessen Kooperationsangebote von lokalen Organisationen und Unternehmen, die die Sichtbarkeit und Unterstützung, die seine Plattform bot, schätzten.

Skalierung des MVP

Als Joe seinem Verzeichnis weitere Unternehmen hinzufügte und die Benutzerbasis wuchs, verfeinerte er die App weiter und fügte basierend auf dem Benutzerfeedback neue Funktionen hinzu. Der Einsatz von Glide Apps ermöglichte einfache Aktualisierungen der mobilen App in Echtzeit, ohne dass technische Kenntnisse oder komplexe Prozesse erforderlich waren.

Joe brachte schließlich die Vollversion seiner Local Business Directory-App auf den Markt und bot sowohl eine kostenlose Version als auch ein abonnementbasiertes Modell mit zusätzlichen Funktionen wie Push-Benachrichtigungen und Werbeaktionen an. Joe nutzte den anfänglichen Erfolg seines No-Code-MVP, um Investoren anzulocken und den Grundstein für die Einführung ähnlicher Apps in anderen Städten zu legen.

Die zentralen Thesen

Joes Erfahrung zeigt, dass No-Code-Tools wie Glide Apps es angehenden Unternehmern ermöglichen, schnell mobile App-basierte Geschäftsideen zu erstellen, zu testen und zu validieren. Die Nutzung dieser Plattformen kann Ihnen dabei helfen:

- Erstellen Sie in kurzer Zeit ein funktionierendes MVP
- Testen Sie Ihre Idee mit echten Benutzern und sammeln Sie aussagekräftiges Feedback
- Iterieren und verfeinern Sie Ihr Produkt ohne technische Einschränkungen oder kostspielige Entwicklungsprozesse
- Ziehen Sie Investoren und Kooperationspartner mit greifbaren Erfolgsgeschichten an
- Skalieren Sie Ihre Lösung, indem Sie auf eine Community von Enthusiasten und Partnern

zurückgreifen, die Ihnen dabei helfen können, Ihre Startup-Idee zum Leben zu erwecken

10. Fallstudien: Erfolgsgeschichten von No-Code-MVPs aus der Praxis

Es gibt keinen besseren Weg, das Potenzial von No-Code-MVPs kennenzulernen, als in echte Erfolgsgeschichten einzutauchen. Diese Fallstudien zeigen die Leistungsfähigkeit von No-Code-Tools, um innovative Ideen schnell, effizient und ohne technisches Fachwissen zum Leben zu erwecken. Werfen wir einen Blick auf einige der inspirierendsten No-Code-MVP-Erfolgsgeschichten von Startups und Unternehmern aus der ganzen Welt.

10.1 Sharetribe: Online-Marktplatz-Magie

Sharetribe ist ein perfektes Beispiel für ein No-Code-MVP, das sich zu einem vollwertigen Produkt entwickelt hat. Ursprünglich war es als einfacher Online-Marktplatz für lokales Teilen und Handeln konzipiert – ein Konzept, das mit einem No-Code-MVP getestet und validiert werden konnte.

Das Team hinter Sharetribe nutzte Bubble, eine visuelle Programmierplattform, um sein MVP zu entwickeln. Sie konnten innerhalb weniger Wochen einen leistungsstarken Online-Marktplatz erstellen, indem sie die benutzerfreundliche Oberfläche und Funktionen von Bubble wie responsives Design, Zahlungsabwicklung und Social-Media-Integration nutzten. Der Erfolg des MVP von Sharetribe bestätigte schnell ihre Idee und lockte erste Nutzer und Investoren an.

Seit seinen bescheidenen Anfängen als No-Code-MVP hat sich Sharetribe zu einer vollwertigen Online-

Marktplatzplattform entwickelt, die Tausende von Unternehmern bedient und die Erstellung verschiedener Marktplätze ermöglicht, ohne dass benutzerdefinierter Code erforderlich ist.

10.2. Outseta: Skalierung mit No-Code-Tools

Outseta ist ein SaaS-Produkt (Software as a Service), das Startups im Frühstadium eine Komplettlösung für CRM, Abonnementabrechnung und Marketingautomatisierung bietet. Die Gründer waren sich der dringenden Notwendigkeit bewusst, ihre Idee im hart umkämpften SaaS-Markt zu testen und zu validieren.

Das Team nutzte No-Code-Tools wie Zapier, Airtable, Carrd und Typeform, um in Rekordzeit ein nahtloses, voll funktionsfähiges MVP zu erstellen. Durch den Einsatz dieser Tools könnten sie wichtige Arbeitsabläufe automatisieren, das Benutzerverhalten verfolgen, Berichte erstellen und wichtige Produktannahmen validieren, ohne Ressourcen für benutzerdefinierten Code aufzuwenden.

Das erfolgreiche No-Code-MVP ermöglichte es ihnen, schnell zu iterieren, sich an Feedback anzupassen und letztendlich ihr Geschäft auf ein neues Niveau zu skalieren. Jetzt verfügt Outseta über eine engagierte Benutzerbasis, eine Reihe leistungsstarker Funktionen und eine starke Position auf dem Markt.

10.3. Voiceflow: Von der Idee zur Akquisition

Voiceflow, eine Plattform zum Entwerfen und Erstellen von Sprach- und Chatbot-Anwendungen, entstand mit der Idee, Sprachdesign auch für Nicht-Entwickler zugänglicher zu machen. Die Gründer beschlossen, No-Code-Tools zu nutzen, um ein MVP zu erstellen, um ihr Produkt schnell zu testen und frühe Benutzer anzulocken.

Das Voiceflow-Team nutzte Adalo, einen No-Code-App-Builder, um sein MVP zu erstellen und zum Laufen zu bringen. Dank der benutzerfreundlichen Benutzeroberfläche und den Anpassungsmöglichkeiten von Adalo haben sie ein MVP entwickelt, das ein außergewöhnliches Benutzererlebnis bietet und die Möglichkeiten des Sprachdesigns demonstriert.

Der No-Code-MVP erregte die Aufmerksamkeit der Investoren und das Voiceflow-Team sicherte sich schließlich eine Finanzierung in Höhe von über 4 Millionen US-Dollar. Heute hat Voiceflow Tausende aktive Benutzer und das Unternehmen wurde von ProtoPie übernommen – ein weiterer Beweis für das Potenzial von No-Code-MVPs für den Erfolg von Startups.

10.4 Quotr: Optimierung des Verkaufsprozesses

Quotr ist ein Startup, das sich auf die Vereinfachung des Angebotsprozesses für kleine und mittlere Unternehmen konzentriert. Anstatt Entwickler einzustellen und Monate damit zu verbringen, ein Produkt zu entwickeln, erstellten die Gründer ein MVP mit Webflow, einem zugänglichen und leistungsstarken Website-Entwicklungstool ohne Code.

Das Quotr-Team nutzte die Funktionalität von Webflow, um eine schnelle, reaktionsfähige und optisch ansprechende Benutzeroberfläche zu erstellen, die potenziellen Kunden den Wert des Angebotstools effektiv demonstrieren konnte. In nur wenigen Wochen verfügten sie über ein voll funktionsfähiges MVP und begannen mit der Einbindung erster Benutzer.

Das No-Code-MVP ermöglichte es Quotr, seine Idee schnell zu validieren, sich schnell an Benutzerfeedback anzupassen und mit dem Aufbau seiner Marke im hart umkämpften Bereich der Vertriebstechnologie zu beginnen.

Lehren aus echten Erfolgsgeschichten

No-Code-MVPs haben es diesen Startups ermöglicht, ihre Ideen mit minimalem finanziellen Risiko und begrenzten Ressourcen zu testen und zu validieren. Diese Beispiele veranschaulichen die Möglichkeiten, die No-Code-Tools für Unternehmer bieten können, indem sie Ideen validieren, schnell iterieren und letztendlich erfolgreiche und skalierbare Unternehmen schaffen. Unternehmer, die in die Fußstapfen dieser Startups treten möchten, sollten darüber nachdenken, No-Code-Tools und -Strategien zu nutzen, um ihr MVP zu starten und ihre Geschäftsreise anzukurbeln.

10.1 No-Code-MVP-Erfolgsgeschichte: Tara Reeds Apps ohne Code

Hintergrund

Tara Reed ist eine in Detroit ansässige Unternehmerin, die erfolgreich eine Reihe profitabler App-basierter Unternehmen aufgebaut und gestartet hat, ohne eine einzige Zeile Code zu schreiben. Sie hat dies mit der No-Code-MVP-Methodik getan und vermittelt nun anderen angehenden Unternehmern ihre Erfolgsgeheimnisse über ihre Plattform „Apps Without Code".

In dieser Fallstudie werden wir uns eingehend damit befassen, wie Tara mithilfe von No-Code-Tools und -

Methoden eine ihrer einzigartigen Ideen in ein profitables Unternehmen verwandelt hat.

Die Idee: Kollecto

Tara kam auf die Idee zu Kollecto , einer erschwinglichen und personalisierten Kunstberatungs-App, als ihr klar wurde, dass sie Kunst für ihr Zuhause finden und kaufen wollte, der Prozess der Suche und Auswahl von Kunst jedoch überwältigend war.

Sie wusste, dass es noch andere Menschen geben musste, die das gleiche Problem hatten, und beschloss daher, eine Lösung zu entwickeln, die den Zugang zu Kunstkuratoren ermöglichte, die dabei helfen konnten, Kunstwerke mit kleinem Budget zu finden und zu empfehlen.

Aufbau des No-Code MVP

Strikingly eine Landingpage , die das Wertversprechen von Kollecto kommunizierte und einen einfachen Call-to-Action „Erste Schritte" enthielt.

Die Zielseite diente dazu, E-Mail-Adressen interessierter Benutzer zu sammeln, die nach einem kuratierten Kunstkauferlebnis suchten, sodass sie überprüfen konnte, ob tatsächlich eine Nachfrage für ihr Unternehmen bestand.

Um ihre Idee weiter zu testen, erstellte Tara mithilfe von Typeform einen Fragebogen, in dem potenzielle Benutzer nach ihren Kunstpräferenzen, ihrem Budget und dem gewünschten Grad an Personalisierung für ihre kuratierten Kunstvorschläge befragt wurden.

Nachdem sie genügend Antworten gesammelt hatte, lagerte Tara den Kurationsaspekt an eine Gruppe von Kunstexperten aus, die sie auf freiberuflichen Websites wie

Upwork fand . Die Kunstkuratoren würden die von den
Nutzern eingereichten Antworten analysieren und dann
personalisierte Kunstempfehlungen per E-Mail versenden.

Ursprünglich wurde der Dienst kostenlos angeboten, da Tara
die Benutzererfahrung weiter verfeinerte und die Bedürfnisse
und Vorlieben ihrer Benutzer besser verstand.

Validierung der Idee

Als die Zahl der Nutzer wuchs und das Feedback immer
positiver wurde, beschloss Tara, Kollecto durch die
Einführung eines Abonnementmodells zu monetarisieren.
Durch die Erhebung einer monatlichen Gebühr konnte sie
nun testen, ob Nutzer bereit waren, für die personalisierten
Kunstempfehlungen zu zahlen.

Um das Abonnementmodell umzusetzen, nutzte Tara ein
No-Code-Tool namens Zapier , um ihren Typeform-
Fragebogen mit einem Zahlungsabwickler wie Stripe, PayPal
oder Square zu verbinden . Dadurch konnte sie Zahlungen
ohne manuelle Eingriffe einziehen und ihr Unternehmen
effizienter skalieren.

Kollecto wuchs weiter und Tara begann, mit verschiedenen
Preisstufen zu experimentieren, um herauszufinden, welche
sich am besten zur Optimierung von Umsatz und
Kundenzufriedenheit eignete. Den Nutzern wurde die
Möglichkeit gegeben, einen Mitgliedschaftsplan zu wählen,
der auf ihren Bedürfnissen beim Kunstkauf basiert, und Tara
entdeckte bald den optimalen Preis, der den Umsatz
maximierte und gleichzeitig den Service für ein breites
Spektrum von Kunstbegeisterten zugänglich hielt.

Das Geschäft skalieren

Die No-Code-MVP-Version von Kollecto hatte bereits großen Erfolg, aber Tara wollte die nächste Stufe erreichen.

Zu diesem Zweck beschloss sie, eine echte Kollecto-App zu entwickeln, die den Benutzern ein nahtloseres und optisch ansprechenderes Erlebnis bieten würde. Mithilfe von No-Code-App-Entwicklungsplattformen wie Bubble und Thunkable konnte Tara eine voll funktionsfähige App erstellen, die auf die Bedürfnisse ihrer Benutzer zugeschnitten war, ohne teure Softwareentwickler einstellen zu müssen.

Die App hat Kollecto letztlich dabei geholfen, noch weiter zu wachsen und sich zu dem erfolgreichen Unternehmen zu entwickeln, das es heute ist.

gewonnene Erkenntnisse

Durch ihre Erfahrung mit Kollecto hat Tara Reed die Leistungsfähigkeit der No-Code-MVP-Methodik bewiesen. Indem sie klein anfing und leicht verfügbare No-Code-Tools nutzte, konnte Tara ihre Idee validieren, ihre Annahmen testen und ihr Unternehmen skalieren, ohne eine einzige Codezeile schreiben zu müssen.

Taras Erfolgsgeschichte ist ein Paradebeispiel dafür, was erreicht werden kann, wenn Unternehmer die No-Code-Denkweise übernehmen und sich auf die Bedürfnisse der Kunden statt auf technische Einschränkungen konzentrieren.

Daher vermittelt Tara nun angehenden Unternehmern über ihre Online-Plattform „Apps Without Code" die No-Code-MVP-Methodik und ermöglicht es anderen, in ihre Fußstapfen zu treten und ihre eigenen Geschäftsideen schnell zum Leben zu erwecken.

Fallstudie 1: Pipe: Aufbau einer Fintech-Plattform

Hintergrund Pipe ist eine innovative Plattform, die es Unternehmen ermöglicht, ihre wiederkehrenden Einnahmequellen auf einem Marktplatz zu handeln. Einfach ausgedrückt hilft Pipe Unternehmen dabei, schneller bezahlt zu werden, indem es ihre SaaS-Abonnements in Vorabeinnahmen umwandelt. Die Plattform ist sowohl für Unternehmen, die nach Cashflow-Flexibilität suchen, als auch für Anleger, die Investitionsmöglichkeiten mit festen, wiederkehrenden Renditen suchen, von Vorteil.

Das Problem Die Gründer von Pipe, Harry Hurst, Josh Mangel und Zain Allarakhia, erkannten einen erheblichen Bedarf für Unternehmen, ihre Cashflows besser zu kontrollieren. Traditionell war diese Art finanzieller Flexibilität nur durch die Aufnahme von Schulden oder den Verkauf von Unternehmensanteilen erreichbar. Beide Optionen bringen Nachteile mit sich, etwa den Verlust der Kontrolle über das Unternehmen oder die Belastung durch langfristige Schulden.

Der No-Code-MVP Um das Konzept schnell zu testen, ohne Zeit und Geld in traditionelle Entwicklungsprozesse zu investieren, griff das Gründungsteam von Pipe auf No-Code-Tools zurück. Ohne technischen Hintergrund brauchten sie eine Möglichkeit, ein Minimum Viable Product (MVP) zu entwickeln, um ihre Idee zu validieren und erste Kunden zu gewinnen.

Mithilfe von Tools wie Bubble, Airtable und Zapier gelang es dem Team, innerhalb von nur zehn Wochen ein voll funktionsfähiges MVP zu erstellen. Dies ermöglichte es ihnen, Benutzern, Investoren und Stakeholdern die

Leistungsfähigkeit der Plattform ohne große finanzielle oder zeitliche Investitionen zu demonstrieren.

Mit diesen Tools konnte das Pipe-Team sein MVP erstellen und iterieren und sich dabei auf Funktionen wie die folgenden konzentrieren:

- Sichere Authentifizierung und Benutzerverwaltung
- Dateneingabe und -verwaltung für Einnahmequellen
- Handelsabwicklung und -management
- Finanzberichterstattung und -analyse

Die Ergebnisse Mit ihrem No-Code-MVP konnte das Pipe-Team seine Idee schnell validieren und eine Benutzerbasis gewinnen, die wertvolles Feedback für die kontinuierliche Verbesserung des Produkts liefert. Dadurch konnten sie auch bedeutende Investitionen und Partnerschaften anlocken.

In weniger als zwei Jahren hat Pipe mehr als 66 Millionen US-Dollar an Finanzmitteln eingesammelt und Großinvestoren angezogen, darunter Shopify, Slack und HubSpot. Die jüngste Bewertung des Unternehmens überstieg die 2-Milliarden-Dollar-Marke und ist damit eine der erfolgreichsten No-Code-Erfolgsgeschichten.

gewonnene Erkenntnisse

Diese außergewöhnliche Erfolgsgeschichte zeigt die Leistungsfähigkeit von No-Code-MVPs, innovative Ideen schnell zum Leben zu erwecken. Die wichtigsten Erkenntnisse für angehende Unternehmer sind:

1. **Geschwindigkeit:** Durch den schnellen Aufbau eines MVP können Sie Ihre Idee schnell testen und iterieren. Dadurch verkürzen Sie die Zeit bis zur Markteinführung und verringern das Risiko,

Ressourcen für ein Produkt zu verschwenden, das
möglicherweise keine Anklang findet.

2. **Flexibilität:** Mit No-Code-Tools bleiben Sie agil und
können Ihr Produkt kontinuierlich an die Bedürfnisse
der Benutzer anpassen.

3. **Reduziertes Risiko:** Niedrigere Eintrittsbarrieren
(weniger erforderliche technische Fähigkeiten und
minimale finanzielle Vorabinvestitionen) bedeuten,
dass Sie innovative Ideen testen können, ohne Ihr
gesamtes Unternehmen zu gefährden.

Fallstudie 2: Wildes Publikum: Revolutionierung der Marketingautomatisierung

Hintergrund Wild Audience ist eine Marketing-
Automatisierungsplattform, die Unternehmen dabei
unterstützt, personalisierte und automatisierte Customer
Journeys zu erstellen. Mittels Verhaltenstracking empfiehlt
die Plattform jedem Website-Besucher relevante Inhalte und
Angebote, was zu besseren Nutzererlebnissen und höheren
Conversions führt.

Das Problem Bastian Ernst, der Gründer von Wild
Audience, sah die Notwendigkeit, die Effizienz und
Effektivität des Content-Marketings zu verbessern. Er
glaubte, dass Unternehmen in der Lage sein sollten,
zielgerichtete Inhalte bereitzustellen, die bei Website-
Besuchern wirklich Anklang finden, anstatt sich
ausschließlich auf allgemeine Informationen und
Handlungsaufforderungen zu verlassen.

Das No-Code-MVP Genau wie Pipe wurde das MVP von
Wild Audience mit No-Code-Tools erstellt. Bastian startete

zunächst mit einer einfachen, mit PipeDrive erstellten Version und bot einen Basisdienst an, der Unternehmen bei der Verbesserung ihrer Marketingbemühungen unterstützt. Während er das Feedback der ersten Kunden einholte, fügte er dem Produkt nach und nach Funktionen hinzu.

Um eine ausgefeiltere MVP-Marketinglösung zu entwickeln, nutzte Bastian eine Kombination aus No-Code-Tools, darunter:

- Typeform zum Erstellen interaktiver Formulare und zum Erfassen von Benutzerantworten
- Zapier zur Integration und Automatisierung von Arbeitsabläufen zwischen Anwendungen
- Google Sheets zum Speichern von Kundendaten und zum Verfolgen von Leistungsmetriken
- ConvertKit zur Automatisierung von E-Mail-Marketingkampagnen

Die Ergebnisse Als der Wild Audience MVP an Bedeutung gewann, konnte Bastian eine wachsende Anzahl von Benutzern gewinnen und kontinuierlich Feedback zur Verbesserung einholen. Wild Audience bedient mittlerweile Kunden auf der ganzen Welt und seine Kunden haben beeindruckende Ergebnisse gemeldet, wie beispielsweise eine Steigerung des Kundenumsatzes um bis zu 50 %, die direkt auf die Plattform zurückzuführen ist.

gewonnene Erkenntnisse

Die No-Code-MVP-Erfolgsgeschichte von Wild Audience zeigt, wie leistungsfähig der Einsatz einfacher, aber leistungsstarker Tools zum kostengünstigen Testen einer Idee ist. Angehende Unternehmer können aus folgenden Kernpunkten lernen:

1. **Iterative Entwicklung:** Durch kontinuierliches Feedback und Verbesserungen können Sie die Benutzer binden und Ihr MVP in ein florierendes, erfolgreiches Produkt verwandeln.
2. **Integration:** Der effektive Einsatz von No-Code-Tools kann einen nahtlosen Datenfluss zwischen Anwendungen ermöglichen und ein leistungsstarkes, vernetztes Produkt schaffen.
3. **Schlanke Startup-Mentalität:** Indem Sie sich ausschließlich auf die Funktionen konzentrieren, die den Benutzern einen tatsächlichen Mehrwert bieten, können Sie die Effizienz sicherstellen und die Verschwendung von Ressourcen für unnötige Funktionen vermeiden.

Wie diese Fallstudien beweisen, hat ein No-Code-MVP die Macht, Ideen in erfolgreiche Unternehmen umzuwandeln. Durch den Einsatz der richtigen Tools und eine benutzerzentrierte Denkweise können Sie diesen Erfolg nachahmen und ein Startup aufbauen, das bei Ihrer Zielgruppe wirklich Anklang findet.

Fallstudie Nr. 1: Sharetribe – Aufbau von Online-Marktplätzen

Sharetribe ist ein Paradebeispiel für ein erfolgreiches No-Code-Startup, das es Benutzern ermöglicht, ihre eigenen Online-Marktplätze ohne Programmierkenntnisse zu erstellen und zu starten. Die Plattform soll den Prozess der Erstellung moderner Webanwendungen rationalisieren, die als Marktplatz für verschiedene Arten von Unternehmen fungieren, beispielsweise für die Vermietung, den Verkauf und den Kauf von Waren oder Dienstleistungen.

Das Problem

Antti Virolainen und Juho Makkonen, die Gründer von Sharetribe, identifizierten ein Problem, mit dem viele Unternehmer konfrontiert waren: Der Aufbau und die Einführung eines Online-Marktplatzes war eine komplexe und entmutigende Angelegenheit, die oft teure Investitionen in die Einstellung von Entwicklern oder die Auslagerung des Entwicklungsprozesses mit sich brachte.

Viele Unternehmer mit großartigen Ideen für Online-Marktplätze ließen sich von den Kosten und dem erforderlichen technischen Fachwissen abschrecken und hatten daher Schwierigkeiten, ihre Ideen in die Realität umzusetzen oder ihre Konzepte zu validieren, bevor sie sich vollständig der Entwicklung widmeten.

Die Lösung

Mit der Vision, den Prozess der Erstellung von Online-Marktplätzen für Unternehmer zugänglich und problemlos zu gestalten, wurde Sharetribe geboren. Die Gründer machten sich daran, eine Plattform zu entwickeln, die den Prozess vereinfacht und es Benutzern ermöglicht, ihre eigenen Marktplätze zu erstellen, ohne dass Programmierkenntnisse erforderlich sind. Sie verwendeten mehrere No-Code-Tools und stellten ein MVP zusammen, um ihr Konzept zu testen.

Die No-Code-Tools

Um die Sharetribe-Plattform aufzubauen, verwendeten Antti und Juho einige beliebte No-Code-Tools, die dazu beitrugen, Zeit und Ressourcen zu sparen und die Kosten auf ein Minimum zu beschränken. Zu diesen Tools gehören unter anderem:

1. **Bubble** : Eine visuelle Webentwicklungsplattform, die es Benutzern ermöglicht, voll funktionsfähige Webanwendungen zu erstellen, ohne Code schreiben zu müssen. Bubble wurde als primäres Entwicklungsframework zum Aufbau der Benutzeroberfläche und des Backends von Sharetribe verwendet.
2. **Zapier** : Ein Tool, das eine nahtlose API-Integration zwischen verschiedenen Webanwendungen bietet, ohne dass Programmierkenntnisse erforderlich sind. Zapier wurde verwendet, um die Plattform von Sharetribe mit externen Diensten wie Zahlungsgateways, E-Mail-Automatisierungstools und Social-Media-Plattformen zu verbinden.
3. **Airtable** : Ein leistungsstarkes Tabellenkalkulations- und Datenbankverwaltungstool, das für interne Aufgaben wie die Verwaltung von Kundendaten, die Inhaltsplanung und das Projektmanagement innerhalb des Sharetribe-Teams verwendet wird.

Die Ergebnisse

Sharetribe gewann schnell an Bedeutung bei Unternehmern, die ihre eigenen Online-Marktplätze aufbauen wollten. Durch das Angebot einer kostengünstigen, benutzerfreundlichen Lösung, die es Benutzern ermöglicht, Marktplätze ohne nennenswerte technische Fachkenntnisse oder Investitionen aufzubauen und zu starten, konnte Sharetribe sein

Geschäftsmodell validieren und die Plattform in ein profitables Geschäft verwandeln.

Heute betreibt Sharetribe Tausende von Online-Marktplätzen auf der ganzen Welt und hilft Unternehmern, ihre Ideen zum Leben zu erwecken – und das alles, ohne eine einzige Codezeile schreiben zu müssen.

Die zentralen Thesen

Die Geschichte von Sharetribe zeigt, dass die No-Code-Bewegung nicht nur auf MVPs beschränkt ist, sondern auch erfolgreiche, vollwertige Unternehmen vorantreiben kann. Mithilfe von No-Code-Tools haben die Gründer von Sharetribe in kurzer Zeit Prototypen für ihr Marktplatzkonzept erstellt und validiert und damit bewiesen, dass es möglich ist, die Art und Weise zu ändern, wie Unternehmen arbeiten und auf ihre Zielgruppe eingehen.

Für Unternehmer, die ihre Startups mit No-Code-Tools aufbauen möchten, sind die wichtigsten Lehren aus dem Erfolg von Sharetribe:

1. Konzentrieren Sie sich darauf, das Problem, das Sie lösen möchten, zu identifizieren und zu verstehen. Im Fall von Sharetribe waren sich die Gründer der Herausforderungen bewusst, mit denen Unternehmer bei der Einführung eines Online-Marktplatzes konfrontiert waren, und konnten so eine Plattform entwickeln, die dieses Problem mit großer Genauigkeit löste.
2. Wählen Sie die richtigen No-Code-Tools aus, die Ihren Anforderungen entsprechen und Ihnen dabei helfen, das Produkt, das Sie sich vorstellen, effizient zu erstellen. Scheuen Sie sich nicht, Tools zu kombinieren und zu kombinieren, um eine

maßgeschneiderte Lösung für Ihr Unternehmen zu schaffen.

3. Unterschätzen Sie niemals die Leistungsfähigkeit von No-Code-Tools. Viele erfolgreiche Unternehmen wurden mithilfe von No-Code-Plattformen aufgebaut. Wenn Sie diese nutzen, können Sie Zeit und Ressourcen sparen und eine solide Grundlage für das zukünftige Wachstum Ihres Unternehmens schaffen.

Ungenauigkeiten oder Auslassungen und schließen ausdrücklich jegliche stillschweigende Gewährleistung der Marktgängigkeit oder der Eignung für einen bestimmten Zweck aus. Wir haften in keinem Fall für entgangenen Gewinn oder andere kommerzielle Schäden oder Sachschäden, einschließlich, aber nicht beschränkt auf AUF BESONDERE, ZUFÄLLIGE, FOLGESCHÄDEN ODER ANDERE SCHÄDEN; ODER FÜR VERZÖGERUNGEN BEIM INHALT ODER DER ÜBERTRAGUNG DER DATEN IN UNSEREM BUCH ODER DASS DAS BUCH IMMER VERFÜGBAR IST.

Darüber hinaus ist es wichtig zu beachten, dass Sprachmodelle wie ChatGPT auf Deep-Learning-Techniken basieren und auf riesigen Textdatenmengen trainiert wurden, um menschenähnlichen Text zu generieren. Diese Textdaten umfassen eine Vielzahl von Quellen wie Bücher, Artikel, Websites und vieles mehr. Dieser Trainingsprozess ermöglicht es dem Modell, Muster und Beziehungen innerhalb des Textes zu lernen und kohärente und kontextbezogene Ausgaben zu generieren.

Sprachmodelle wie ChatGPT können in einer Vielzahl von Anwendungen verwendet werden, einschließlich, aber nicht beschränkt auf, Kundenservice, Inhaltserstellung und Sprachübersetzung. Im Kundenservice beispielsweise können Sprachmodelle eingesetzt werden, um Kundenanfragen schnell und präzise zu beantworten, wodurch menschliche Agenten für die Bearbeitung komplexerer Aufgaben entlastet werden. Bei der Inhaltserstellung können Sprachmodelle zum Generieren von Artikeln, Zusammenfassungen und Bildunterschriften verwendet werden, was den Erstellern von Inhalten Zeit und Aufwand spart. Bei der Sprachübersetzung können Sprachmodelle dabei helfen, Texte mit hoher Genauigkeit von einer Sprache in eine andere zu übersetzen und so dabei helfen, Sprachbarrieren abzubauen.

Es ist jedoch wichtig zu bedenken, dass Sprachmodelle zwar große Fortschritte bei der Generierung menschenähnlicher Texte gemacht haben, sie jedoch nicht perfekt sind. Das Verständnis des Modells für den Kontext und die Bedeutung des Textes unterliegt immer noch Einschränkungen und kann zu falschen oder anstößigen Ergebnissen führen. Daher ist es wichtig, Sprachmodelle mit Vorsicht zu verwenden und stets die Genauigkeit der vom Modell generierten Ausgaben zu überprüfen.

Finanzielle Haftungsausschluss

Dieses Buch soll Ihnen helfen, die Welt des Online-Investierens zu verstehen, Ihre Ängste vor dem Einstieg zu beseitigen und Ihnen bei der Auswahl guter Investitionen zu helfen. Unser Ziel ist es, Ihnen dabei zu helfen, die Kontrolle über Ihr finanzielles Wohlergehen zu übernehmen, indem wir Ihnen eine solide Finanzausbildung und verantwortungsvolle Anlagestrategien bieten. Die in diesem Buch und in unseren Diensten enthaltenen Informationen dienen jedoch nur der allgemeinen Information und Bildungszwecken. Es ist nicht als Ersatz für eine rechtliche, kommerzielle und/oder finanzielle Beratung durch einen zugelassenen Fachmann gedacht. Das Geschäft mit Online-Investitionen ist eine komplizierte Angelegenheit, die für den Erfolg jeder Investition eine sorgfältige finanzielle Due Diligence erfordert. Es wird Ihnen dringend empfohlen, die Dienste qualifizierter und kompetenter Fachleute in Anspruch zu nehmen, bevor Sie eine Investition tätigen, die sich auf Ihre Finanzen auswirken könnte. Diese Informationen werden in diesem Buch bereitgestellt, einschließlich der Art und Weise, wie es erstellt wurde, und werden zusammenfassend als „Dienste" bezeichnet.

Seien Sie vorsichtig mit Ihrem Geld. Verwenden Sie nur Strategien, bei denen Sie beide die potenziellen Risiken verstehen und mit denen Sie sich wohlfühlen. Es liegt in Ihrer

Verantwortung, klug zu investieren und Ihre persönlichen und finanziellen Daten zu schützen.

Wir glauben, dass wir eine großartige Gemeinschaft von Anlegern haben, die durch Investitionen finanziellen Erfolg erzielen und sich gegenseitig dabei helfen möchten. Dementsprechend ermutigen wir die Leute, in unserem Blog und möglicherweise in Zukunft auch in unserem Forum Kommentare abzugeben. Viele Menschen werden zu diesem Thema beitragen, es wird jedoch Zeiten geben, in denen Menschen unbeabsichtigt oder unabsichtlich irreführende, täuschende oder falsche Informationen bereitstellen.

Sie sollten sich NIEMALS auf Informationen oder Meinungen verlassen, die Sie zu diesem Buch oder einem Buch, auf das wir verlinken, lesen. Die Informationen, die Sie hier und in unseren Dienstleistungen lesen, sollten als Ausgangspunkt für Ihre EIGENE RECHERCHE zu verschiedenen Unternehmen und Anlagestrategien dienen, damit Sie eine fundierte Entscheidung darüber treffen können, wo und wie Sie Ihr Geld investieren.

WIR GARANTIEREN NICHT DIE RICHTIGKEIT, ZUVERLÄSSIGKEIT ODER VOLLSTÄNDIGKEIT DER IN DEN KOMMENTAREN, IM FORUM ODER IN ANDEREN ÖFFENTLICHEN BEREICHEN DES BUCHS ODER IN EINEM IN UNSEREM BUCH ERSCHEINENDEN HYPERLINK BEREITGESTELLTEN INFORMATIONEN.

Unsere Dienstleistungen sollen Ihnen dabei helfen, zu verstehen, wie Sie für sich selbst gute Investitions- und persönliche Finanzentscheidungen treffen können. Sie tragen die alleinige Verantwortung für die von Ihnen getroffenen Anlageentscheidungen. Wir übernehmen keine Verantwortung für Fehler oder Auslassungen im Buch, auch nicht in Artikeln oder Beiträgen, für in Nachrichten eingebettete Hyperlinks oder für Ergebnisse, die sich aus der Verwendung solcher Informationen ergeben. Wir haften auch nicht für Verluste oder Schäden, einschließlich etwaiger Folgeschäden, die dadurch entstehen, dass sich ein Leser auf Informationen verlässt, die er durch die Nutzung unserer Dienste erhält. Bitte nutzen Sie unser Buch nicht, wenn Sie keine Selbstverantwortung für Ihr Handeln übernehmen.

Die US-Börsenaufsicht SEC (Securities and Exchange Commission) hat zusätzliche Informationen zum Thema Cyberbetrug veröffentlicht, die Ihnen helfen sollen, ihn zu erkennen und wirksam zu bekämpfen. Weitere Hilfe zu Online-Investitionsprogrammen und deren Vermeidung erhalten Sie auch in den folgenden Büchern: http://www.sec.gov und http://www.finra.org sowie http://www.nasaa.org Hierbei handelt es sich jeweils um Organisationen, die zum Schutz von Online-Investoren gegründet wurden.

Wenn Sie unsere Ratschläge ignorieren und keine unabhängige Recherche zu den verschiedenen Branchen, Unternehmen und Aktien durchführen, beabsichtigen Sie, in Informationen, „Tipps" oder Meinungen aus unserem Buch zu investieren und sich ausschließlich auf diese zu verlassen – Sie stimmen zu, dass Sie dies getan haben Sie treffen eine bewusste, persönliche Entscheidung aus Ihrem eigenen freien Willen und werden unter keinen Umständen versuchen, uns für die daraus resultierenden Ergebnisse verantwortlich zu machen. Die hier angebotenen Dienstleistungen dienen nicht dazu, als Ihr persönlicher Anlageberater zu fungieren. Wir kennen nicht alle relevanten Fakten über Sie und/oder Ihre individuellen Bedürfnisse und wir behaupten nicht, dass unsere Dienste für Ihre Bedürfnisse geeignet sind. Wenn Sie eine persönliche Beratung wünschen, sollten Sie einen registrierten Anlageberater aufsuchen.

Links zu anderen Websites. Von Zeit zu Zeit können Sie über unsere Website auch auf andere Bücher verlinken. Wir haben keine Kontrolle über den Inhalt oder die Handlungen der Bücher, auf die wir verlinken, und haften nicht für alles, was im Zusammenhang mit der Nutzung dieser Bücher geschieht. Die Aufnahme von Links sollte, sofern nicht ausdrücklich anders angegeben, nicht als Befürwortung oder Empfehlung dieses Buches oder der darin geäußerten Ansichten angesehen werden. Sie, und nur Sie, sind dafür verantwortlich, jedes Buch sorgfältig zu prüfen, bevor Sie Geschäfte mit ihnen tätigen.

Haftungsausschlüsse und -beschränkungen: Unter keinen Umständen, einschließlich, aber nicht beschränkt auf Fahrlässigkeit, können wir oder unsere Partner (sofern vorhanden) oder eines unserer verbundenen Unternehmen direkt oder indirekt für Verluste oder Schäden jeglicher Art verantwortlich oder haftbar gemacht werden von oder im Zusammenhang mit der Nutzung unserer Dienste, einschließlich, aber nicht beschränkt auf direkte, indirekte, Folgeschäden, unerwartete, besondere, exemplarische oder andere Schäden, die daraus resultieren können, einschließlich, aber nicht beschränkt auf wirtschaftliche Verluste, Verletzungen, Krankheit oder Tod oder ähnliches andere Arten von Verlusten oder Schäden oder unerwartete oder negative Reaktionen auf hierin enthaltene Vorschläge oder auf andere Weise, die Ihnen im Zusammenhang mit Ihrer Nutzung von Ratschlägen, Waren oder Dienstleistungen, die Sie auf der Website erhalten, unabhängig von der Quelle verursacht oder angeblich entstanden sind, oder jedes andere Buch, das Sie möglicherweise über Links von unserem Buch aus besucht haben, auch wenn Sie auf die Möglichkeit solcher Schäden hingewiesen wurden.

Das geltende Recht erlaubt möglicherweise keine Beschränkung oder einen Ausschluss der Haftung oder von

Neben- oder Folgeschäden (einschließlich, aber nicht beschränkt auf verlorene Daten), sodass die oben genannte Einschränkung oder der Ausschluss möglicherweise nicht auf Sie zutrifft. Allerdings übersteigt die Gesamthaftung von uns Ihnen gegenüber für alle Schäden, Verluste und Klagegründe (sei es aus Vertrag, unerlaubter Handlung oder anderweitig) in keinem Fall den Betrag, den Sie uns gegebenenfalls für die Nutzung unserer Dienste gezahlt haben Dienstleistungen, falls vorhanden. Und durch die Nutzung unserer Website erklären Sie sich ausdrücklich damit einverstanden, uns nicht für Konsequenzen haftbar zu machen, die sich aus Ihrer Nutzung unserer Dienste oder der darin bereitgestellten Informationen zu irgendeinem Zeitpunkt oder aus irgendeinem Grund ergeben, unabhängig von den Umständen.

Haftungsausschluss für spezifische Ergebnisse. Unser Ziel ist es, Ihnen durch Bildung und Investitionen dabei zu helfen, die Kontrolle über Ihr finanzielles Wohlergehen zu erlangen. Wir bieten Strategien, Meinungen, Ressourcen und andere Dienstleistungen, die speziell darauf ausgelegt sind, den Lärm und den Hype zu durchbrechen und Ihnen dabei zu helfen, bessere persönliche Finanz- und Investitionsentscheidungen zu treffen. Es gibt jedoch keine Garantie dafür, dass eine Strategie oder Technik zu 100 % wirksam ist, da die Ergebnisse von Person zu Person sowie von der Anstrengung und dem Engagement, die sie zur Erreichung ihres Ziels unternehmen, unterschiedlich sein können. Und leider kennen wir Sie nicht. Daher erklären Sie sich mit der Nutzung und/oder dem Kauf unserer Dienste ausdrücklich damit einverstanden, dass die Ergebnisse, die Sie durch die Nutzung dieser Dienste erhalten, ausschließlich Ihnen überlassen sind. Darüber hinaus erklären Sie sich ausdrücklich damit einverstanden, dass sämtliche Risiken der Nutzung und etwaige Folgen einer solchen Nutzung ausschließlich bei Ihnen liegen. Und dass Sie zu keinem

Zeitpunkt oder aus irgendeinem Grund versuchen werden, uns haftbar zu machen, unabhängig von den Umständen.

Gemäß den gesetzlichen Bestimmungen können und werden wir keine Garantie dafür geben, dass Sie durch die Nutzung der über unser Buch erworbenen Dienste bestimmte Ergebnisse erzielen können. Nichts auf dieser Seite, unserem Buch oder einer unserer Dienstleistungen ist ein Versprechen oder eine Garantie für Ergebnisse, einschließlich der Tatsache, dass Sie einen bestimmten Geldbetrag oder überhaupt Geld verdienen werden. Sie verstehen auch, dass alle Investitionen mit einem gewissen Risiko verbunden sind Sie können beim Investieren tatsächlich Geld verlieren. Dementsprechend dienen alle in unserem Buch genannten Ergebnisse in Form von Erfahrungsberichten, Fallstudien oder auf andere Weise lediglich zur Veranschaulichung von Konzepten und sollten nicht als Durchschnittsergebnisse oder Versprechen für tatsächliche oder zukünftige Leistungen betrachtet werden.

bestimmte Ergebnisse oder Resultate aus der Verwendung der hier besprochenen Strategien und Techniken.

Erfahrungsberichte und Beispiele: Alle in diesem Buch präsentierten Erfahrungsberichte, Fallstudien oder Beispiele dienen nur der Veranschaulichung und garantieren nicht, dass die Leser ähnliche Ergebnisse erzielen. Der individuelle Erfolg beim Trading hängt von verschiedenen Faktoren ab, darunter der persönlichen finanziellen Situation, der Risikotoleranz und der Fähigkeit, die besprochenen Strategien und Techniken konsequent anzuwenden.